뇌졸중 환자와 보호자를 위한

언어치료 워크북

이해편

김운정 · 오선정 공저

학지사

머리말

'왜 이런 책은 없을까?'라는 의문으로 시작하여, '실질적으로 도움이 되는 언어치료 자료를 만들자.'라는 목표로 출간하게 되었습니다. 임상에서 환자 및 보호자를 만나며 재활 과정에 함께했고, 치료 이외의 시간에(혹은 가정에서) 꾸준한 학습을 통해 더 큰 회복의 효과를 기대할 수 있다는 것을 경험하였습니다. 그러나 환자와 보호자는 막상 '어떻게' 학습을 해야 할지 몰라 답답해하는 경우가 많았습니다. 이에 참고할 만한 지침서를 제시해 드리고 싶었으나 자료의 부족함을 느꼈습니다. 그리하여 '성인'을 대상으로 한 '언어재활' 전문 도서를 만들게 되었습니다.

치료를 받는 것처럼 체계적으로 단계를 구성하였고, 치료사의 노하우를 담아 환자에게 도움을 줄 수 있는 TIP을 꼼꼼히 적었습니다. 많은 수의 문제를 넣어 충분히 학습하고 반복할 수 있도록 하였습니다. 실생활에서 사용하는 표현과 다양한 상황을 넣어 실용적인 문제를 오랜 기간 동안 만들고 반복하여 검증하였습니다. 또한 '이해편'과 '표현편'으로 나누어 보다 전문적으로 학습할 수 있도록 하였습니다.

언어는 소통의 중요한 수단입니다. 의사소통이 원활하지 않으면 불편함이 생길 뿐만 아니라 고립감, 좌절감, 우울감이 생길 수 있습니다. 언어재활은 어려운 과정이지만, 꾸준한 관심과 노력을 통해 보다 나은 내일을 기대할 수 있습니다. 이 책이 언어장애로 고군분투하고 계실 환자 및 보호자분들께 희망이 되기를 기원합니다.

저자 **김운정 · 오선정**

추천글

“아직도 말하기 힘들어해요.” “간혹 이상한 소리를 해요.” “이젠 어떡하죠?” 뇌졸중을 앓고 실어증 증세가 생겼다가 퇴원한 후 외래를 방문한 환자의 보호자가 하는 말이다. 환자는 급성기 상태에서 입원하여 언어치료를 받았고, 이어 재활병원에서 한 달 더 언어치료를 받고 퇴원했다. 그동안 실어증 증세는 다소 좋아졌지만 여전히 불편한 증세가 남아 있었기 때문에 보호자들은 이제 무엇을 더 할 수 있는지 내게 묻고 있는 것이다.

뇌졸중을 전공하는 신경과 의사로서 이럴 때 참 곤란하다. 나는 외래 환자가 많기 때문에 한 회기에 적어도 50명은 봐야 한다. 그래서 환자 한 명당 3~4분밖에 시간을 내지 못한다. 어쩔 수 없이 보호자에게 “환자한테 말을 자주 거세요.” “함께 TV를 보고 내용을 토론해 보세요.” “가능하면 매일 책이나 신문을 읽고 30분 이상 토론하세요.” 정도로 말해 드리는 게 고작이다. 물론 이렇게 말한다고 보호자들이 이런 노력을 할지, 환자의 증세가 좋아질 것인지 자신은 없다. 보호자의 문의는 진지했지만 나는 솔직히 그만큼 진지할 수가 없었음을 고백할 수밖에 없다.

이 책의 저자 김운정, 오선정은 바로 이런 환자와 보호자에게 꼭 필요한 워크북을 발간했다. 이는 환자와 보호자뿐만 아니라 실제로 나와 같은 문제로 고민하던 의사에게도 희소식이었다. /ㄱ/ 부터 /ㅎ/ 까지, /ㅏ/부터 /ㅣ/ 까지 우리나라의 수많은 아름다운 말과 표현을 종횡무진 사용하면서 듣기, 말하기, 기억하기, 이해하기 등 다양한 언어기능을 테스트하며 동시에 연습할 수 있도록 구성되어 있고 더불어 산수기능과 인지능력까지 향상시킬 수 있는 이 책은 흥미롭고 감탄스럽다. 그렇기 때문에 언어장애가 있는 환자에게 꼭 필요한 연습서임이 분명하다. 이뿐만 아니라 나이 드신 분도 언어능력과 인지능력의 유지 및 향상을 위해 혼자서 해 보시길 권한다.

내가 관찰한 바로, 병원에서 뇌 질환 환자를 담당하는 언어치료사는 늘 바쁘고 고단하다. 환자들이 말을 못 하고 못 알아듣는 것은 물론이고, 흔히 나이가 많고 인지장애도 가지고 있기 때문이다. 또한 무의지증이나 우울증이 있어 협조를 전혀 안 하는 경우도 있다. 따라서 뇌 질환에 의한 언어장애 환자들을 정확히 진단하고 평가하는 것은 정상인의 경우보다 몇 배나 더 힘든 노동이다. 그럼에도 저자들이 그 바쁜 시간을 쪼개어 언어장애 환자들에게 도움이 될 훌륭한 워크북을 만들어 낸 것은 환자에 대한 무한한 애정과 열정이 없었다면 불가능한 일이었을 것이다. 앞으로 많은 환자가 이 워크북 도구를 가지고 꾸준히 언어기능을 훈련하기를 추천한다. 이런 훈련을 통해 언어의 이해와 구사 능력이 향상될 미래의 환자들은 열정 어린 저자들에게 깊이 감사해야 할 것이다. 환자만큼이나 이런 책이 절실히 필요했던 나와 같은 신경과 의사는 벌써부터 감사와 응원의 박수를 보내는 바이다.

서울아산병원 신경과

교수 **김 종 성**

책 소개

이 책은 '친절한 언어치료 길잡이' 콘셉트로, 치료 외 시간 혹은 가정에서 보다 적극적인 언어재활을 할 수 있도록 돕기 위하여 제작하였습니다. 환자 및 보호자가 쉽게 활용할 수 있도록 다년간의 언어치료 경력을 바탕으로 다음과 같은 점을 고려하였습니다.

1. 치료 노하우 공개

문제를 푸는 방법과 단서 제시 방법, 문제 활용 방법, 문제 만드는 TIP 등을 구체적으로 제공합니다. 환자뿐만 아니라 보호자에게도 다양한 노하우를 전달하여 더욱 효과적인 언어재활을 할 수 있습니다.

2. 많은 문항 수

충분한 훈련을 할 수 있도록 가능한 한 많은 문항 수를 제공합니다.

3. 일상생활에서 주로 사용하는 표현으로 구성

성인이 일상생활에서 활용할 수 있는 실질적이고 실용적인 표현을 학습할 수 있습니다.

4. 다양한 표현으로 구성

최대한 중복되지 않는 표현들로 구성하여 다양한 표현을 학습할 수 있습니다.

5. 큰 글씨로 제작

시력이 저하되었거나 편측 무시가 있는 경우 작은 글씨를 보기 어려울 수 있으므로 큰 글씨로 제작하였습니다.

6. 각 활동 뒤에 정답 제시

문제의 답을 쉽고 빠르게 확인할 수 있습니다.

7. 다양한 난이도

언어장애의 증상과 중증도는 범위와 정도가 다양하기 때문에 쉬운 단계부터 어려운 단계까지 모두 훈련할 수 있도록 제작하였습니다.

책 활용법

1. 용어정리

대상자: 언어장애가 있는 환자(문제를 푸는 사람)

보호자: 환자의 보호자(문제를 풀 때 도움을 줄 수 있는 사람)

보호자 TIP: 대상자가 문제를 풀 때 보호자가 도와줄 수 있는 방법

2. '이해편'은 듣고 이해하기, 읽고 이해하기, 쓰기, 말하기 모두 연습할 수 있습니다.

이해편은 귀로 듣고 이해하여 문제 풀기, 눈으로 보고 이해하여 문제 풀기로 나뉘어 있습니다. 빈칸에 답을 쓰며 쓰기 훈련을 할 수 있고, 소리 내어 읽으며 말하기 연습을 할 수도 있습니다. 다양하게 활용해 보세요.

3. 같은 문제도 여러 번 반복해서 풀어 보세요.

오늘 풀지 못한 문제를 내일은 풀 수도 있습니다. 알았던 단어가 생각나지 않을 수 있고, 생각나지 않았던 표현이 떠오를 수도 있습니다. 여러 번 반복 훈련을 통해 차곡차곡 실력을 쌓아 보세요.

4. 가능하다면 보호자와 함께 풀어 보세요.

보호자는 문제에 대한 이해를 도울 수 있고, 단계별 단서를 제시할 수 있습니다. 또 추가적으로 질문을 하거나 환자에게 맞춤 질문을 함으로써 이해력 및 표현력을 향상시킬 수 있습니다.

환자와 대화하는 법

1. 이해해야 하는 기회를 많이 주세요.

이해도 표현만큼 중요한 영역입니다. 다른 사람의 말을 이해할 수 있어야 그에 맞는 적절한 표현을 할 수 있습니다. 일상생활 속에서 여러 가지 질문을 통해 환자의 이해력을 확인하고 훈련할 수 있도록 지도해 주세요. 스스로 이해해야 하는 상황(기회)이 많을수록 언어재활에 도움이 됩니다.

2. 충분히 기다려 주세요.

묻는 말에 반응을 하기까지 시간이 걸릴 수 있습니다. 또는 올바른 답을 하지 않을 수 있습니다. 시간이 걸려도, 올바른 답이 나오지 않더라도 최대한 스스로 이해하여 표현할 수 있도록 기다려 주세요.

3. 단계별 단서를 주세요.

정답을 알려 주기 전에 단계별 단서를 주세요. 자세한 내용은 본문의 [보호자 TIP]을 참고하세요.

4. 다양한 의사소통 방법을 활용해 보세요.

구어적(말)으로 하는 질문에는 '예/아니요'로 대답하는 질문(예: 오늘 기분이 좋아?)과

직접 표현해야 하는 질문(예: 오늘 기분이 어때?)이 있습니다. 또 지시문(예: 눈을 감으세요)도 있습니다. 질문의 유형에 따라 다양한 수준에서 이해력을 확인하고 훈련할 수 있습니다. 또 대답을 말로 하는 것이 어렵다면 OX 카드, 그림 카드, 글자 카드 등을 고르기, 쓰기 등 여러 방법을 활용할 수 있습니다.

5. 많이 격려해 주세요.

어려운 시간을 보내고 있을 환자가 적극적으로 언어재활에 참여할 수 있도록 많이 격려해 주세요.

차례

◆ 머리말 3

◆ 추천글 4

◆ 책 소개 6

◆ 책 활용법 8

◆ 환자와 대화하는 법 9

듣기 이해

제1장 단어 듣고 고르기 17

1. 신체부위 …… 19
2. 사물 …… 23
3. 위치 …… 25

제2장 그림 보고 듣고 고르기 31

제3장 문장 듣고 이해하기 55

1. 예/아니요 판단하기 …… 57
2. 지시문 듣고 수행하기 …… 71
3. 능동문/피동문 듣고 답하기 …… 74

읽기 이해

제1장 단어 이해 81

1. 그림-글자 연결하기 …… 83
2. 연관된 낱말 찾기 …… 94
3. 반의어 찾기 …… 104
4. 유의어 찾기 …… 122
5. 단어의 의미 이해하기 …… 141
6. 범주어 …… 159
7. 연상단어 찾기 …… 180
8. 표지판 및 상징 이해 …… 184

제2장 구문 및 문장 이해 189

1. 구문 및 문장 완성하기 ······ 191
2. 비교문 읽고 고르기 ······ 231
3. 짝이 되는 문장 연결하기 ······ 239
4. 상황에 따른 감정 · 상태 이해하기 ······ 247
5. 어색한 부분 찾기 및 고치기 ······ 253
6. 순서 나열하기 ······ 265
7. 동음이의어 ······ 275

제3장 그림 보고 답하기 287

제4장 문법 이해 307

1. 조사 고르기 ······ 309
2. 접속부사 고르기 ······ 317
3. 어순 바르게 고치기 ······ 324

제5장 관용어 이해 339

제6장 이야기 이해 365

듣기 이해

제1장 단어 듣고 고르기

제2장 그림 보고 듣고 고르기

제3장 문장 듣고 이해하기

제1장

단어 듣고 고르기

1. 신체부위
2. 사물
3. 위치

1. 신체부위

신체부위 명칭을 듣고 그림에서 고르세요.

예
보호자: 그림에서 코를 가리키세요.
대상자: (코를 가리킨다.)

보호자 TIP

보호자는 대상자에게 다음과 같은 도움을 줄 수 있어요.

1. 정답을 맞히지 못한다면, 해당 신체부위의 기능이나 특징에 대해 설명해 주세요.

예 보호자: '코'를 가리키세요.
대상자: (정답을 맞히지 못한다면)
보호자: 숨을 쉬고 냄새를 맡아요.
그래도 맞히지 못한다면, 정답을 알려 주세요. 그리고 대상자가 직접 가리킬 수 있도록 지도해 보세요.

2. 신체부위 명칭을 듣고 '나의 몸'에서 직접 가리키도록 활동해 보세요.

얼굴

① 코를 가리키세요.
② 눈을 가리키세요.
③ 이마를 가리키세요.
④ 턱을 가리키세요.
⑤ 볼(뺨)을 가리키세요.
⑥ 머리를 가리키세요.
⑦ 입을 가리키세요.
⑧ 눈썹을 가리키세요.
⑨ 목을 가리키세요.
⑩ 귀를 가리키세요.

앞모습

① 손을 가리키세요.
② 어깨를 가리키세요.
③ 배를 가리키세요.
④ 다리를 가리키세요.
⑤ 가슴을 가리키세요.
⑥ 팔을 가리키세요.
⑦ 발을 가리키세요.
⑧ 무릎을 가리키세요.

뒷모습

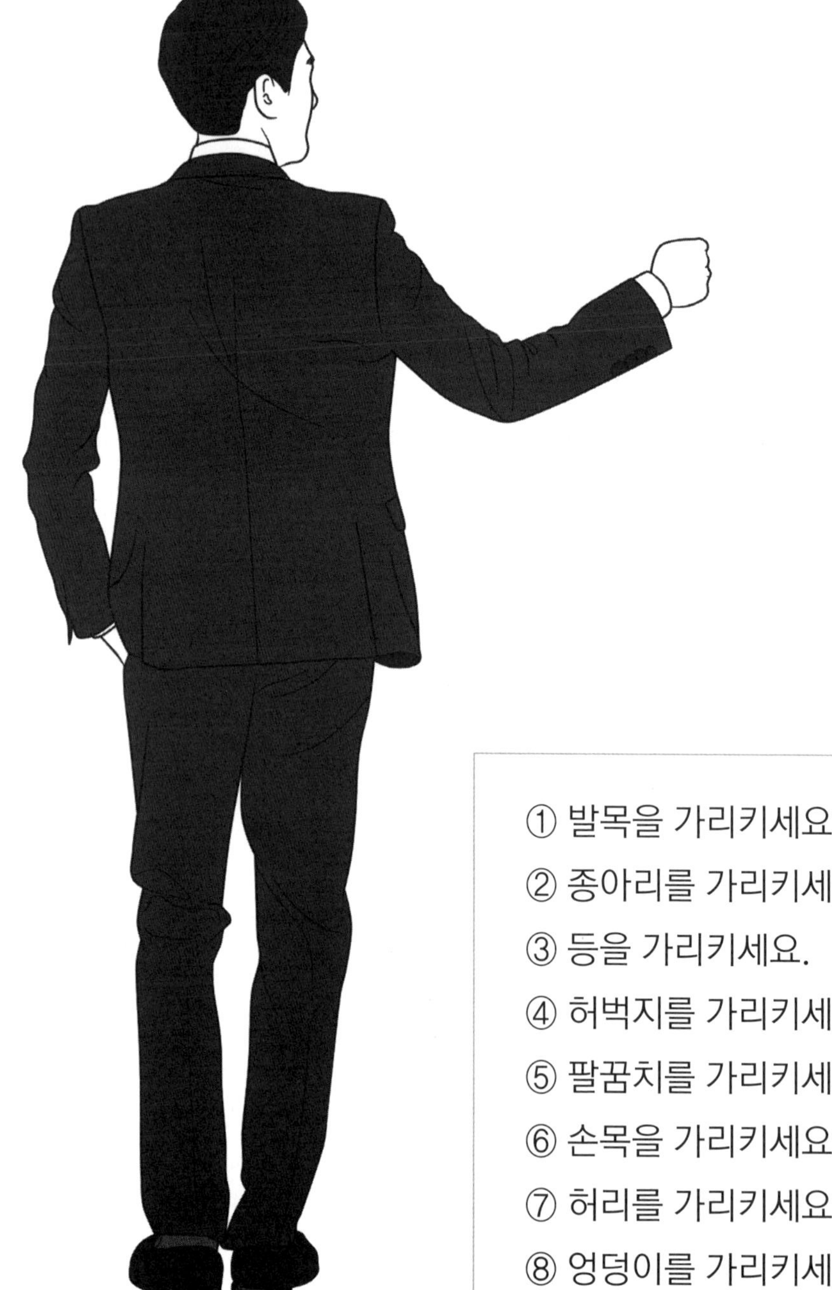

① 발목을 가리키세요.
② 종아리를 가리키세요.
③ 등을 가리키세요.
④ 허벅지를 가리키세요.
⑤ 팔꿈치를 가리키세요.
⑥ 손목을 가리키세요.
⑦ 허리를 가리키세요.
⑧ 엉덩이를 가리키세요.

2. 사물

사물의 이름(명칭)을 듣고 주변에서 찾아 가리키세요.

예
보호자: 휴지를 가리키세요.
대상자: (휴지를 가리킨다.)

보호자 TIP

보호자는 대상자에게 다음과 같은 도움을 줄 수 있어요.

1. 정답을 맞히지 못한다면, 단계별 단서를 하나씩 제시해 보세요.

단서 1 사물의 기능 또는 사용방법

단서 2 사물의 모양 또는 색깔 등

단서 2까지 제시했을 때에도 맞히지 못한다면, 정답을 알려주세요. 그리고 반복하여 익힐 수 있도록 지도해 보세요.

예 보호자: 휴지를 가리키세요.
대상자: (맞히지 못할 경우)
보호자: 단서 1 무언가를 닦을 때 쓰는 것이에요.
대상자: (단서 1 에도 맞히지 못할 경우)
보호자: 단서 2 하얀색이고 원기둥 모양이에요.
대상자: (단서 2 에도 맞히지 못할 경우)
보호자: (휴지를 가리키며) 이것이 휴지예요. 손으로 가리켜 보세요.

2. 사물을 두 개, 세 개로 늘려가면서 난이도를 높일 수 있어요.

예 보호자: 지갑과 신발을 가리키세요.
휴지, 연필, 책상을 고르세요.

다음 사물들을 참고해 보세요.

“__________ 을/를 가리키세요.”

침대	휴지	신발
책상	의자	창문
문	벽	천장
바닥	휠체어	지팡이
냉장고	숟가락	젓가락
컵	공책	볼펜

3. 위치

유형 1 몸에서 위치 찾기

신체부위 명칭을 듣고 '나의 몸'에서 찾아 가리키세요.

예
보호자: 왼쪽 팔을 가리키세요.
대상자: (자신의 왼쪽 팔을 가리킨다.)

보호자 TIP

제시된 문제에서 왼쪽과 오른쪽을 바꾸어 지도해 보세요.

예 왼쪽 팔 → 오른쪽 팔

1. 왼쪽 눈을 가리키세요.
2. 오른쪽 귀를 가리키세요.
3. 왼쪽 손을 가리키세요.
4. 오른쪽 다리를 가리키세요.
5. 왼쪽 어깨를 가리키세요.
6. 오른쪽 무릎을 가리키세요.
7. 왼쪽 볼을 가리키세요.
8. 왼쪽 콧구멍을 가리키세요.
9. 오른쪽 손목을 가리키세요.
10. 오른쪽 손바닥을 가리키세요.
11. 왼쪽 가슴을 가리키세요.
12. 오른쪽 발가락을 가리키세요.
13. 왼쪽 팔꿈치를 가리키세요.
14. 왼쪽 종아리를 가리키세요.
15. 오른쪽 엉덩이를 가리키세요.
16. 왼쪽 허리를 가리키세요.
17. 오른쪽 허벅지를 가리키세요.
18. 오른쪽 겨드랑이를 가리키세요.

유형 2 그림에서 위치 찾기

문장을 듣고 해당하는 것을 그림에서 가리키세요.

예

보호자: 그림에서 변기의 왼쪽에 있는 것을 가리키세요.

대상자: (변기의 왼쪽에 있는 휴지를 가리킨다.)

보호자 TIP

보호자는 대상자에게 다음과 같은 도움을 줄 수 있어요.

1. 대상자가 어려워한다면 위치(오른쪽, 왼쪽, 위, 아래)에 대한 개념을 설명해 주세요.

2. 해당하는 것을 가리킨 후, 사물의 이름(명칭)을 말하도록 해 보세요.

   예 보호자: 그림에서 변기의 왼쪽에 있는 것을 가리키세요.

   대상자: (변기의 왼쪽에 있는 휴지를 가리킨다.)

   보호자: 이것은 무엇이죠?

   대상자: 휴지

3. 다른 사진 또는 그림을 활용하여 활동해 보세요.

1. 종이 위에 있는 것을 가리키세요.
2. 종이 아래에 있는 것을 가리키세요.
3. 연필꽂이 왼쪽에 있는 것을 가리키세요.

1. 볼펜 오른쪽에 있는 것을 가리키세요.
2. 공책 아래에 있는 것을 가리키세요.
3. 계산기 왼쪽에 있는 것을 가리키세요.
4. 공책과 계산기의 가운데에 있는 것을 가리키세요.

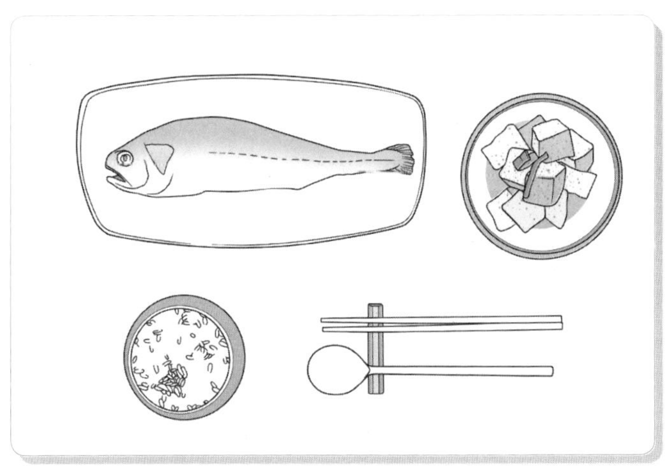

1. 쌀밥 위에 있는 것을 가리키세요.
2. 깍두기 왼쪽 있는 것을 가리키세요.
3. 쌀밥 오른쪽에 있는 것을 가리키세요.

1. 파인애플 왼쪽에 있는 것을 가리키세요.
2. 옥수수 아래에 있는 것을 가리키세요.
3. 포도 위에 있는 것을 가리키세요.
4. 호박 오른쪽에 있는 것을 가리키세요.
5. 바나나와 포도 가운데에 있는 것을 가리키세요.

1. 아빠의 왼쪽에 있는 사람을 가리키세요.
2. 할머니의 오른쪽에 있는 사람을 고르세요.
3. 할아버지와 아빠의 가운데에 있는 사람을 가리키세요.
4. 왼쪽에서 두 번째 사람을 가리키세요.
5. 남자를 모두 가리키세요.
6. 여자를 모두 가리키세요.

제2장

그림 보고 듣고 고르기

문장을 듣고 그림에서 해당하는 것을 고르세요.

보호자 TIP

유형 1 보다 **유형 2** 가 난이도가 높습니다. 대상자의 수준에 맞게 지도해 보세요.

화장실

유형 1 사물 찾기

사물의 이름(명칭)을 듣고 해당하는 것을 가리키세요.

1. 변기를 가리키세요.
2. 세면대를 가리키세요.
3. 욕조를 가리키세요.
4. 휴지를 가리키세요.
5. 수건을 가리키세요.
6. 거울을 가리키세요.
7. 비누를 가리키세요.
8. 칫솔을 가리키세요.
9. 치약을 가리키세요.
10. 샤워기를 가리키세요.
11. 수납장을 가리키세요.

유형 2 속성이나 특징에 해당하는 사물 찾기

문장을 듣고 해당하는 것을 가리키세요.

1. 손을 씻고 있는 사람을 가리키세요.
2. 양치질하고 있는 사람을 가리키세요.
3. 목욕하고 있는 사람을 가리키세요.
4. 몸의 물기를 닦을 때 사용하는 것을 가리키세요.
5. 용변을 볼 때 앉는 것을 가리키세요.
6. 얼굴을 볼 때 사용하는 것을 가리키세요.
7. 얼굴이나 손을 씻는 곳을 가리키세요.
8. 물을 받아서 목욕할 수 있는 것을 가리키세요.
9. 용변을 닦을 때 사용하는 것을 가리키세요.
10. 양치할 때 사용하는 것을 가리키세요.

식사 시간

유형 1 사물 찾기

사물의 이름(명칭)을 듣고 해당하는 것을 가리키세요.

1. 아빠를 가리키세요.
2. 엄마를 가리키세요.
3. 딸(여자 아이)을 가리키세요.
4. 아들(남자 아이)을 가리키세요.
5. 식탁을 가리키세요.
6. 냉장고를 가리키세요.
7. 싱크대를 가리키세요.
8. 가스레인지를 가리키세요.
9. 의자를 가리키세요.
10. 냄비를 가리키세요.
11. 장갑을 가리키세요.
12. 밥을 가리키세요.
13. 국을 가리키세요.
14. 숟가락을 가리키세요.
15. 젓가락을 가리키세요.
16. 반찬을 가리키세요.
17. 컵을 가리키세요.

유형 2 속성이나 특징에 해당하는 사물 찾기

문장을 듣고 해당하는 것을 가리키세요.

1. 물을 마시고 있는 사람을 가리키세요.
2. 냄비를 들고 있는 사람을 가리키세요.
3. 숟가락을 들고 있는 사람을 가리키세요.
4. 젓가락을 들고 있는 사람을 가리키세요.
5. 물이나 음료를 마실 때 사용하는 것을 가리키세요.
6. 밥이나 국을 떠먹을 때 사용하는 것을 가리키세요.
7. 반찬을 집어먹을 때 사용하는 것을 가리키세요.
8. 음식을 상하지 않게 보관하는 것을 가리키세요.
9. 야채나 음식을 썰 때 사용하는 것을 가리키세요.
10. 뜨거운 냄비를 받칠 때 사용하는 것을 가리키세요.
11. 설거지 하는 곳을 가리키세요.
12. 가스로 불을 피우는 것을 가리키세요.

병원

유형 1 사물 찾기

사물의 이름(명칭)을 듣고 해당하는 것을 가리키세요.

1. 환자를 가리키세요.
2. 의사를 가리키세요.
3. 간호사를 가리키세요.
4. 할머니를 가리키세요.
5. 휠체어를 가리키세요.
6. 텔레비전(TV)을 가리키세요.
7. 문을 가리키세요.
8. 창문을 가리키세요.
9. 침대를 가리키세요.
10. 소파를 가리키세요.
11. 시계를 가리키세요.
12. 커튼을 가리키세요.
13. 수액을 가리키세요.

유형 2 속성이나 특징에 해당하는 사물 찾기

문장을 듣고 해당하는 것을 가리키세요.

1. 누워 있는 사람을 가리키세요.
2. 환자를 진찰하는 사람을 가리키세요.
3. 전화하고 있는 사람을 가리키세요.
4. 지팡이를 짚고 있는 사람을 가리키세요.
5. 소파에 앉아 있는 사람을 가리키세요.
6. 걷는 것이 불편할 때 앉는 바퀴 달린 의자를 가리키세요.
7. 걷는 것이 불편할 때 짚는 막대를 가리키세요.
8. 시간을 알려주는 것을 가리키세요.
9. 여러 가지 방송을 볼 수 있는 것을 가리키세요.
10. 햇빛을 가리기 위해 창문에 치는 것을 가리키세요.

마트

유형 1 사물 찾기

사물의 이름(명칭)을 듣고 해당하는 것을 가리키세요.

1. 쇼핑카트를 가리키세요.
2. 생선을 가리키세요.
3. 수박을 가리키세요.
4. 빵을 가리키세요.
5. 우유(음료)를 가리키세요.
6. 꽃게를 가리키세요.
7. 바나나를 가리키세요.
8. 장바구니를 가리키세요.
9. 점원(판매원)을 가리키세요.
10. 계산대를 가리키세요.
11. 시식코너를 가리키세요.

유형 2 속성이나 특징에 해당하는 사물 찾기

문장을 듣고 해당하는 것을 가리키세요.

1. 쇼핑카트를 밀고 있는 사람을 가리키세요.
2. 음식을 판매하고 있는 사람을 가리키세요.
3. 장바구니를 들고 있는 사람을 가리키세요.
4. 계산해 주는 사람을 가리키세요.
5. 물건을 담아 밀고 다니는 것을 가리키세요.
6. 물건을 계산하는 곳을 가리키세요.
7. 바다에서 나는 것을 가리키세요.
8. 여름에 먹는 커다란 과일을 가리키세요.
9. 노란 껍질을 까서 먹는 과일을 가리키세요.
10. 마실 수 있는 것을 가리키세요.

길거리

유형 1 사물 찾기

사물의 이름(명칭)을 듣고 해당하는 것을 가리키세요.

1. 택시를 가리키세요.
2. 횡단보도를 가리키세요.
3. 휠체어를 가리키세요.
4. 비행기를 가리키세요.
5. 신호등을 가리키세요.
6. 정류장을 가리키세요.
7. 보행자를 가리키세요.
8. 쓰레기통을 가리키세요.
9. 미용실을 가리키세요.
10. 은행을 가리키세요.
11. 집을 가리키세요.

유형 2 속성이나 특징에 해당하는 사물 찾기

문장을 듣고 해당하는 것을 가리키세요.

1. 횡단보도를 걸어가는 사람을 가리키세요.
2. 휠체어에 타고 있는 사람을 가리키세요.
3. 버스를 기다리는 사람을 가리키세요.
4. 휠체어를 미는 사람을 가리키세요.
5. 신호를 알려주는 것을 가리키세요.
6. 버스가 멈추는 곳을 가리키세요.
7. 사람이 안전하게 건널 수 있는 곳을 가리키세요.
8. 쓰레기를 버리는 곳을 가리키세요.
9. 하늘을 나는 것을 가리키세요.
10. 머리를 자르거나 파마를 하는 곳을 가리키세요.
11. 금융거래를 하는 곳을 가리키세요.

공원

유형 1 사물 찾기

사물의 이름(명칭)을 듣고 해당하는 것을 가리키세요.

1. 자전거를 가리키세요.
2. 유모차를 가리키세요.
3. 강아지를 가리키세요.
4. 화장실을 가리키세요.
5. 나무를 가리키세요.
6. 벤치를 가리키세요.
7. 새를 가리키세요.
8. 해를 가리키세요.
9. 건물을 가리키세요.
10. 농구 골대를 가리키세요.
11. 운동기구를 가리키세요.

유형 2 속성이나 특징에 해당하는 사물 찾기

문장을 듣고 해당하는 것을 가리키세요.

1. 자전거 타는 사람을 가리키세요.
2. 개와 산책하는 사람을 가리키세요.
3. 달리기를 하는 사람을 가리키세요.
4. 유모차를 미는 사람을 가리키세요.
5. 농구하는 사람을 가리키세요.
6. 용변을 처리하는 곳을 가리키세요.
7. 낮에 하늘에 뜨는 것을 가리키세요.
8. 아기를 태워서 미는 것을 가리키세요.
9. 사람들이 앉아서 쉴 수 있는 곳을 가리키세요.
10. 하늘을 나는 것을 가리키세요.
11. 페달을 밟아서 가는 것을 가리키세요.

집(거실)

유형 1 사물 찾기

사물의 이름(명칭)을 듣고 해당하는 것을 가리키세요.

1. 아이들을 가리키세요.
2. 엄마를 가리키세요.
3. 아빠를 가리키세요.
4. 텔레비전(TV)을 가리키세요.
5. 청소기를 가리키세요.
6. 소파를 가리키세요.
7. 에어컨을 가리키세요.
8. 탁자를 가리키세요.
9. 시계를 가리키세요.
10. 옷걸이를 가리키세요.
11. 액자를 가리키세요.
12. 화분을 가리키세요.

유형 2 속성이나 특징에 해당하는 사물 찾기

문장을 듣고 해당하는 것을 가리키세요.

1. 텔레비전(TV) 보는 사람을 가리키세요.
2. 청소하는 사람을 가리키세요.
3. 장난감을 가지고 놀고 있는 사람들을 가리키세요.
4. 여러 가지 방송을 볼 수 있는 것을 가리키세요.
5. 바닥 청소를 할 때 사용하는 것을 가리키세요.
6. 현재 시간을 알려 주는 것을 가리키세요.
7. 더울 때 시원한 바람이 나오는 것을 가리키세요.
8. 사진이나 그림을 걸어놓는 것을 가리키세요.
9. 옷이나 모자를 걸어놓는 것을 가리키세요.
10. 아이들이 가지고 노는 것을 가리키세요.
11. 탁자 위에 놓여 있는 것을 가리키세요.

집(방)

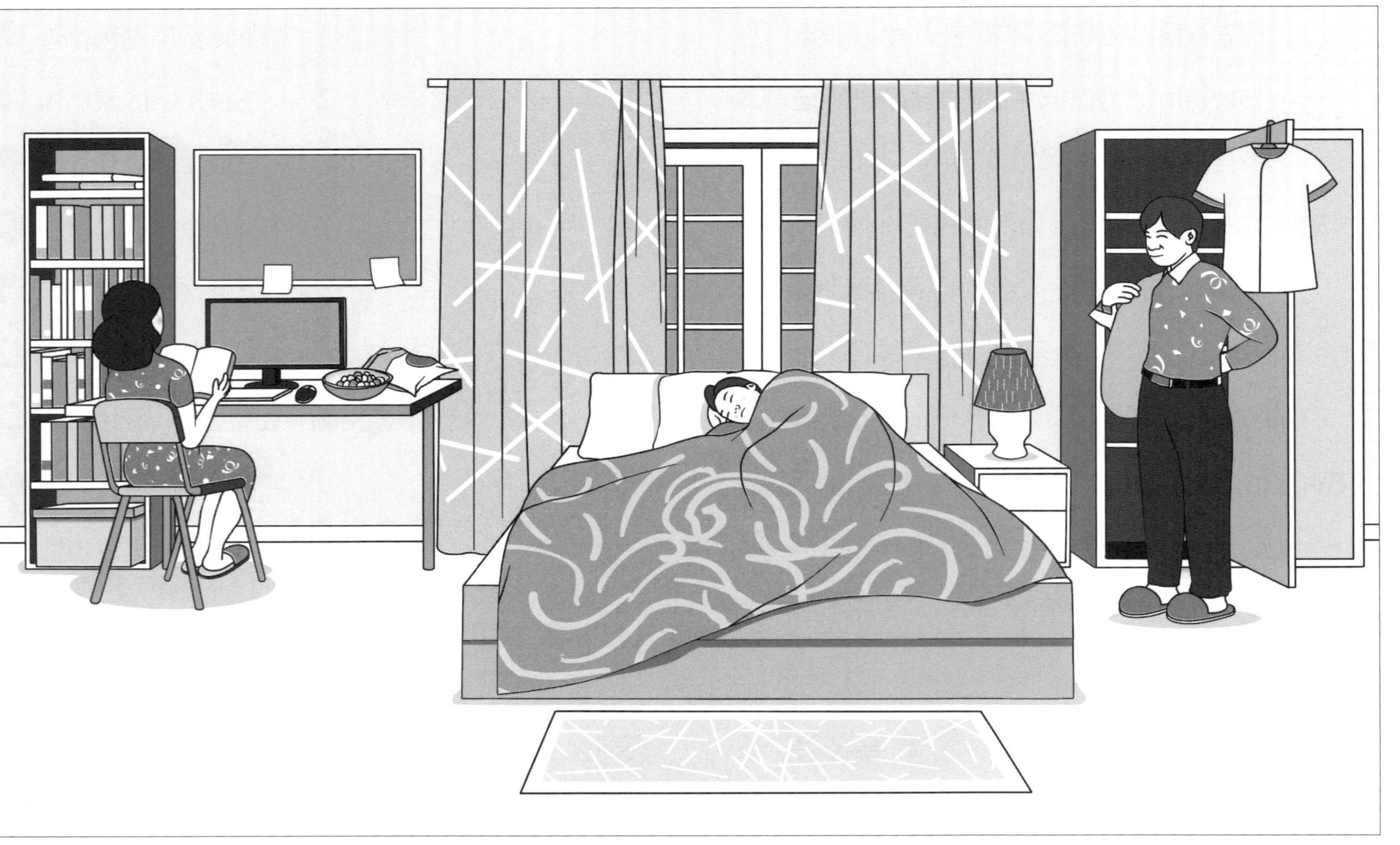

유형 1 사물 찾기

사물의 이름(명칭)을 듣고 해당하는 것을 가리키세요.

1. 침대를 가리키세요.
2. 창문을 가리키세요.
3. 옷장을 가리키세요.
4. 책상을 가리키세요.
5. 책꽂이를 가리키세요.
6. 의자를 가리키세요.
7. 커튼을 가리키세요.
8. 컴퓨터를 가리키세요.
9. 베개를 가리키세요.
10. 게시판을 가리키세요.
11. 램프를 가리키세요.

유형 2 속성이나 특징에 해당하는 사물 찾기

문장을 듣고 해당하는 것을 가리키세요.

1. 책을 읽는 사람을 가리키세요.
2. 자고 있는 사람을 가리키세요.
3. 옷을 갈아입고 있는 사람을 가리키세요.
4. 잘 때 덮고 자는 것을 가리키세요.
5. 잘 때 베고 자는 것을 가리키세요.
6. 옷을 보관하는 것을 가리키세요.
7. 햇빛을 가리기 위해 창문에 치는 것을 가리키세요.
8. 인터넷을 할 수 있는 것을 가리키세요.
9. 밝게 불을 켤 수 있는 것을 가리키세요.

백화점

유형 1 사물 찾기

사물의 이름(명칭)을 듣고 해당하는 것을 가리키세요.

1. 점원을 가리키세요.
2. 손님을 가리키세요.
3. 에스컬레이터를 가리키세요.
4. 엘리베이터를 가리키세요.
5. 거울을 가리키세요.
6. 진열대를 가리키세요.
7. 가방을 가리키세요.
8. 신발을 가리키세요.

유형 2 속성이나 특징에 해당하는 사물 찾기

문장을 듣고 해당하는 것을 가리키세요.

1. 옷을 들고 있는 사람을 가리키세요.
2. 거울을 보고 있는 사람을 가리키세요.
3. 줄 서 있는 사람을 가리키세요.
4. 에스컬레이터를 타고 올라가는 사람을 가리키세요.
5. 엘리베이터 앞에 두 번째로 서있는 사람을 가리키세요.

지하철

유형 1 사물 찾기

사물의 이름(명칭)을 듣고 해당하는 것을 가리키세요.

1. 임산부를 가리키세요.
2. 문을 가리키세요.
3. 할머니를 가리키세요.
4. 창문을 가리키세요.
5. 손잡이를 가리키세요.
6. 노약자석을 가리키세요.
7. 커플을 가리키세요.

유형 2 속성이나 특징에 해당하는 사물 찾기

문장을 듣고 해당하는 것을 가리키세요.

1. 전화하는 사람을 가리키세요.
2. 서서 휴대폰을 보는 사람을 가리키세요.
3. 노래를 듣는 사람을 가리키세요.
4. 졸고 있는 사람을 가리키세요.
5. 서로 이야기하고 있는 사람들을 가리키세요.
6. 임산부나 노인과 같은 약자를 위한 자리를 가리키세요.
7. 흔들리는 차 안에서 넘어지지 않도록 잡는 것을 가리키세요.
8. 가장 오른쪽에 앉아 있는 사람을 가리키세요.
9. 가장 왼쪽에 앉아 있는 사람을 가리키세요.
10. 왼쪽에서 세 번째 앉아 있는 사람을 가리키세요.

제3장

문장 듣고 이해하기

1. 예/아니요 판단하기
2. 지시문 듣고 수행하기
3. 능동문/피동문 듣고 답하기

1. 예/아니요 판단하기

문장을 듣고 맞으면 '예', 틀리면 '아니요'로 답하세요.

보호자 TIP

보호자는 대상자에게 다음과 같은 도움을 줄 수 있어요.

1. 반응이 명확하지 않거나 구어(말)로 답할 수 없다면 OX 카드를 제시하고 고르도록 해 보세요.
2. 개인정보(가족, 고향, 직업 등)를 활용하여 직접 문제를 만들어 보세요.

개인정보

1. 당신의 이름이 ○○○(맞는 이름 또는 틀린 이름)인가요?
2. 당신은 여자(또는 남자)인가요?
3. 나이가 50세(또는 다른 숫자)인가요?
4. 1970년(또는 다른 년도)에 태어났나요?
5. 생일이 8월(또는 다른 월)인가요?
6. 결혼을 했나요?
7. 자녀가 있나요?
8. 키가 160cm(또는 다른 숫자)보다 큰가요?

9 머리가 노란색(또는 다른 색)인가요?

10 혈액형이 A형(또는 다른 혈액형)인가요?

시간

1 지금이 2021년(또는 다른 년도)인가요?

2 지금이 9월(또는 다른 월)인가요?

3 오늘이 22일(또는 다른 날짜)인가요?

4 오늘이 월요일(또는 다른 요일)인가요?

5 지금 계절이 봄[또는 다른 계절(여름, 가을, 겨울)]인가요?

6 지금이 아침[또는 다른 때(점심, 저녁)]인가요?

7 지금이 낮(또는 새벽, 밤)인가요?

8 지금이 오전(또는 오후)인가요?

장소

1 여기가 집인가요?

2 여기가 병원[또는 다른 장소(은행, 마트, 영화관, 미용실, 학교, 공원, 백화점, 주유소 등)] 인가요?

3. 여기가 4층(또는 다른 층)인가요?
4. 집이 서울(또는 다른 지역)인가요?
5. 고향이 부산(또는 다른 지역)인가요?

현재 상태 및 상황

1. 지금 양말을 신고 있나요?
2. 지금 안경을 쓰고 있나요?
3. 지금 마스크를 끼고 있나요?
4. 지금 시계를 차고 있나요?
5. 지금 목도리를 하고 있나요?
6. 지금 장갑을 끼고 있나요?
7. 지금 목걸이를 하고 있나요?
8. 지금 반지를 하고 있나요?
9. 지금 귀걸이를 하고 있나요?
10. 지금 팔찌를 하고 있나요?
11. 지금 모자를 쓰고 있나요?
12. 지금 머리를 묶고 있나요?

⑬ 지금 휴대폰을 가지고 있나요?

⑭ 지금 앉아 있나요?

⑮ 지금 누워 있나요?

⑯ 지금 반팔(또는 다른 옷 종류)을 입고 있나요?

⑰ 지금 운동화(또는 다른 신발 종류)를 신고 있나요?

⑱ 지금 입고 있는 옷이 흰색(또는 다른 색)인가요?

⑲ 오늘 아침밥(또는 점심밥 또는 저녁밥)을 먹었나요?

⑳ 오늘 날씨가 흐린가요(또는 다른 날씨)?

㉑ 여기에 휴지[또는 다른 사물(시계, 연필, 냉장고, 에어컨, 거울 등)]가 있나요?

㉒ 여기에 책상[또는 다른 가구(침대, 의자, 식탁, 책꽂이, 탁자 등)]이 있나요?

사실 판단

① 저녁에 해가 뜨나요?

② 겨울이 지나고 봄이 오나요?

③ 겨울에 개나리가 피나요?

④ 여름에 목도리를 하나요?

⑤ 가을에 낙엽이 지나요?

⑥ 겨울에 매미가 우나요?

⑦ 여름에 장마가 오나요?

⑧ 겨울에 눈이 오나요?

⑨ 추석은 봄인가요?

⑩ 광복절은 여름인가요?

⑪ 바나나는 빨간색인가요?

⑫ 닭이 하늘을 날아다니나요?

⑬ 고래는 바다에 사나요?

⑭ 솜을 먹을 수 있나요?

⑮ 떡을 먹을 수 있나요?

⑯ 삼겹살은 소고기인가요?

⑰ 레몬은 신맛이 나나요?

⑱ 숯은 검정색인가요?

⑲ 고양이가 멍멍 짖나요?

⑳ 귤은 보라색인가요?

㉑ 닭이 달걀을 낳나요?

㉒ 호랑이는 육식동물인가요?

23 고구마는 나무에서 자라나요?

24 솜사탕은 딱딱한가요?

25 두부는 부드럽나요?

26 돼지의 다리는 네 개인가요?

27 연필로 밥을 먹나요?

28 비누를 베고 잠을 자나요?

29 거울로 얼굴을 보나요?

30 소화기로 불을 끄나요?

31 머리에 장갑을 쓰나요?

32 세수를 하고 걸레로 닦나요?

33 세탁기로 설거지를 하나요?

34 빗자루로 청소를 하나요?

35 방망이로 배구를 하나요?

36 냉장고로 음식을 데우나요?

37 숟가락으로 밥을 먹나요?

38 수세미로 몸을 씻나요?

39 귀마개로 음악을 듣나요?

40 자로 길이를 재나요?

41 송곳으로 손톱을 깎나요?

42 불을 끄고 잠을 자나요?

43 등산화를 신고 등산을 하나요?

44 고등학교 졸업 후 중학교에 가나요?

45 내년이 지나고 올해가 오나요?

46 금요일 다음 날이 토요일인가요?

47 약을 먹고 감기에 걸리나요?

48 양말을 신고 신발을 신나요?

49 손을 씻고 용변을 보나요?

50 반창고를 붙인 후 연고를 바르나요?

51 도둑이 경찰을 잡나요?

52 농부가 농사를 짓나요?

53 조종사가 비행기를 조종하나요?

54 간호사가 자동차를 수리하나요?

55 요리사가 음식을 만드나요?

56 어부가 불을 끄나요?

57 외출할 때 잠옷을 입나요?

58 제과점에서 케이크를 사나요?

59 비행기는 항구에 착륙하나요?

60 경찰서 전화번호는 112인가요?

61 초록 신호등에 횡단보도를 건너나요?

62 구름은 하늘에 떠있나요?

63 하늘에서 농사를 짓나요?

64 눈썹은 눈 아래에 있나요?

65 우리나라 수도는 부산인가요?

66 비빔밥은 한식인가요?

67 초등학교를 5년 다니나요?

68 이순신은 한글을 만들었나요?

69 지구는 둥근가요?

70 1년은 365일인가요?

비교문

보호자 TIP

정답을 맞히지 못한다면, 그림 카드를 활용하거나 인터넷에서 그림을 찾아 보여 주세요.

예 호랑이가 고양이보다 큰가요?

→ 호랑이와 고양이 그림을 보여 주고 눈으로 보고 판단할 수 있도록 지도해 주세요.

1. 호랑이가 고양이보다 큰가요?
2. 고래가 고등어보다 작은가요?
3. 기차가 버스보다 긴가요?
4. 연필이 지팡이보다 짧은가요?
5. 바위가 자갈보다 무거운가요?
6. 돼지가 생쥐보다 가벼운가요?
7. 여름이 겨울보다 추운가요?
8. 아프리카가 북극보다 더운가요?
9. 형광등이 촛불보다 밝은가요?
10. 낮이 밤보다 어두운가요?
11. 7개가 5개보다 많은가요?

⑫ 11이 10보다 적은가요?

⑬ 불이 얼음보다 차가운가요?

⑭ 온수가 냉수보다 뜨거운가요?

⑮ 자전거는 기차보다 빠른가요?

⑯ 자동차는 비행기보다 느린가요?

⑰ 아파트가 주택보다 높은가요?

⑱ 8층이 7층보다 낮은가요?

⑲ 손가락이 다리보다 굵은가요?

⑳ 실이 밧줄보다 가는가요?

㉑ 바다가 웅덩이보다 깊은가요?

㉒ 호수가 연못보다 얕은가요?

㉓ 도로가 골목보다 넓은가요?

㉔ 거실이 신발장보다 좁은가요?

㉕ 책이 종이보다 두꺼운가요?

㉖ 이불이 휴지보다 얇은가요?

㉗ 진흙이 돌보다 딱딱한가요?

㉘ 떡이 벽돌보다 말랑말랑한가요?

㉙ 나무가 두부보다 부드러운가요?

㉚ 사포가 종이보다 거친가요?

㉛ 호랑이가 토끼보다 강한가요?

㉜ 사자가 고양이보다 약한가요?

㉝ 청년이 노인보다 나이가 많은가요?

㉞ 고등학생이 대학생보다 어린가요?

㉟ 도서관이 공사장보다 조용한가요?

㊱ 산속이 시내보다 시끄러운가요?

㊲ 봄이 겨울보다 따뜻한가요?

㊳ 여름이 가을보다 시원한가요?

㊴ 상추가 마늘보다 매운가요?

㊵ 설탕이 소금보다 짠가요?

㊶ 꿀이 간장보다 달콤한가요?

㊷ 약이 사탕보다 쓴가요?

㊸ 식초가 참기름보다 신가요?

㊹ 11월이 12월보다 먼저 오나요?

㊺ 5월이 6월보다 나중에 오나요?

예/아니요 판단하기 [정답]

◆ 사실 판단 pp. 60~64

1 아니요
2 예
3 아니요
4 아니요
5 예
6 아니요
7 예
8 예
9 아니요
10 예
11 아니요
12 아니요
13 예
14 아니요
15 예
16 아니요
17 예
18 예
19 아니요
20 아니요
21 예
22 예
23 아니요
24 아니요
25 예
26 예
27 아니요
28 아니요
29 예
30 예
31 아니요
32 아니요
33 아니요
34 예
35 아니요
36 아니요
37 예
38 아니요
39 아니요

40 예

41 아니요

42 예

43 예

44 아니요

45 아니요

46 예

47 아니요

48 예

49 아니요

50 아니요

51 아니요

52 예

53 예

54 아니요

55 예

56 아니요

57 아니요

58 예

59 아니요

60 예

61 예

62 예

63 아니요

64 아니요

65 아니요

66 예

67 아니요

68 아니요

69 예

70 예

◆ 비교문 pp. 65~67

1 예

2 아니요

3 예

4 예

5 예

6 아니요

7 아니요

8 예

9 예

10 아니요

11 예

12 아니요

13 아니요

14 예

15 아니요

16 예
17 예
18 아니요
19 아니요
20 예
21 예
22 아니요
23 예
24 아니요
25 예
26 아니요
27 아니요
28 예
29 아니요
30 예
31 예
32 아니요
33 아니요
34 예
35 예
36 아니요
37 예
38 아니요
39 아니요
40 아니요
41 예
42 예
43 예
44 예
45 아니요

2. 지시문 듣고 수행하기

문장을 듣고 그대로 행동해 보세요.

보호자 TIP

보호자는 대상자에게 다음과 같은 도움을 줄 수 있어요.

1. 정답을 맞히지 못한다면, 행동을 천천히 보여 주고 대상자가 따라할 수 있도록 지도해 보세요.
2. 동작을 세 가지 이상 조합하여 지도해 보세요. 동작이 많을수록 난이도가 높아져요.
   예 눈을 감고, 손을 들고, 주먹을 쥐세요.
3. 동작의 횟수를 정할 수도 있어요.
   예 주먹을 두 번 쥐세요. 박수를 네 번 치세요.
4. 방향을 지정할 수도 있어요.
   예 왼손으로 오른쪽 어깨를 두드리세요.
   오른쪽 입꼬리를 올린 후 왼쪽 입꼬리를 올리세요.

1단계

예
보호자: 주먹을 쥐세요.
대상자: (주먹을 쥔다.)

1. 눈을 감으세요.
2. 눈을 깜빡이세요.
3. 입을 벌리세요.
4. 손을 흔드세요.
5. 주먹을 쥐어보세요.
6. 손을 펴세요.
7. 고개를 끄덕이세요.
8. 고개를 돌리세요.
9. 어깨를 두드리세요.
10. 배를 두드리세요.
11. 천장을 보세요.
12. 바닥을 보세요.
13. 미소를 지으세요.
14. 엄지를 올리세요.
15. 새끼손가락을 올리세요.
16. 책상을 치세요.
17. 박수를 치세요.
18. 만세를 하세요.
19. 혀를 내미세요.
20. 혀를 올리세요.
21. 팔짱을 끼세요.
22. 박수를 두 번 치세요.
23. 눈을 세 번 깜빡이세요.
24. 주먹을 다섯 번 쥐세요.
25. 손을 두 번 흔드세요.
26. 고개를 세 번 끄덕이세요.
27. 어깨를 세 번 두드리세요.
28. 책상을 두 번 치세요.

2단계

> 예
> 보호자: 주먹을 쥐고 손을 드세요.
> 대상자: (주먹을 쥐고 손을 든다.)

보호자 TIP

앞의 1단계 문항 중 두 개를 조합하여 다양하게 만들어 볼 수 있어요.

1. 손을 흔들고 고개를 끄덕이세요.
2. 손뼉을 치고 주먹을 쥐세요.
3. 엄지를 올리고 미소를 지으세요.
4. 천장을 보고 바닥을 보세요.
5. 새끼손가락을 올리고 눈을 감으세요.
6. 입을 벌리고 고개를 드세요.
7. 어깨를 두드리고 혀를 내미세요.
8. 눈을 깜빡이고 볼을 부풀리세요.
9. 손을 흔들고 고개를 끄덕이세요.
10. 입술을 내밀고 손뼉을 치세요.
11. 팔을 쓰다듬고 만세를 하세요.
12. 고개를 젓고 바닥을 보세요.
13. 한숨을 내쉬고 눈을 감으세요.
14. 팔을 뻗고 왼쪽을 보세요.
15. 머리를 만지고 오른쪽을 보세요.
16. 손등을 두드리고 고개를 숙이세요.
17. 이를 딱딱거리고 팔을 드세요.
18. 발을 구르고 손뼉을 치세요.
19. 무릎을 만지고 목을 만지세요.
20. 주먹을 쥐고 책상을 치세요.

3. 능동문/피동문 듣고 답하기

문장을 듣고 문장이 그림과 일치하면 '예', 그림과 일치하지 않으면 '아니요'로 답하세요.

예

보호자: '벌이 아이를 쏘다'가 맞나요?
대상자: 예
보호자: '아이가 벌에게 쏘이다'가 맞나요?
대상자: 예
보호자: '벌이 아이에게 쏘이다'가 맞나요?
대상자: 아니요
보호자: '아이가 벌을 쏘다'가 맞나요?
대상자: 아니요

먹다/먹히다

1. 곰이 생선을 먹다 (○/×)
2. 생선이 곰을 먹다 (○/×)
3. 생선이 곰에게 먹히다 (○/×)
4. 곰이 생선에게 먹히다 (○/×)

안다/안기다

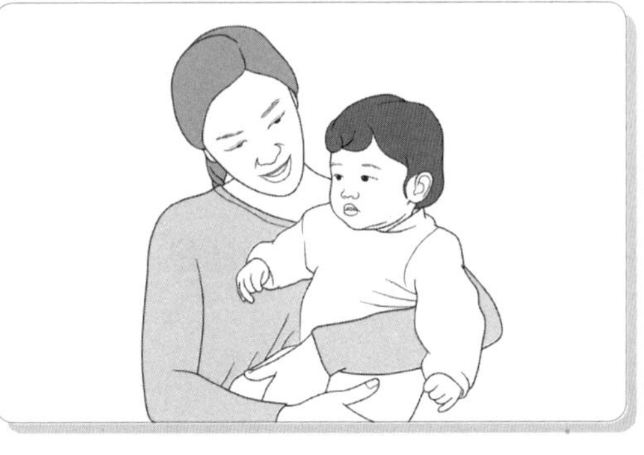

1. 아기가 엄마를 안다 (○/×)
2. 아기가 엄마에게 안기다 (○/×)
3. 엄마가 아기를 안다 (○/×)
4. 엄마가 아기에게 안기다 (○/×)

밀다/밀리다

1. 남자가 여자를 밀다 (○/×)
2. 남자가 여자에게 밀리다 (○/×)
3. 여자가 남자를 밀다 (○/×)
4. 여자가 남자에게 밀리다 (○/×)

업다/업히다

1. 아빠가 아이에게 업히다 (○/×)
2. 아이가 아빠를 업다 (○/×)
3. 아빠가 아이를 업다 (○/×)
4. 아이가 아빠에게 업히다 (○/×)

잡다/잡히다

1. 경찰이 범인을 잡다 (○/×)
2. 경찰이 범인에게 잡히다 (○/×)
3. 범인이 경찰을 잡다 (○/×)
4. 범인이 경찰에게 잡히다 (○/×)

물다/물리다

1. 꼬마가 강아지에게 물리다 (○/×)
2. 꼬마가 강아지를 물다 (○/×)
3. 강아지가 꼬마에게 물리다 (○/×)
4. 강아지가 꼬마를 물다 (○/×)

쫓다/쫓기다

1. 사자가 얼룩말에게 쫓기다 (○/×)
2. 얼룩말이 사자를 쫓다 (○/×)
3. 사자가 얼룩말을 쫓다 (○/×)
4. 얼룩말이 사자에게 쫓기다 (○/×)

누르다/눌리다

1. 남자가 여자를 누르다 (○/×)
2. 여자가 남자에게 눌리다 (○/×)
3. 여자가 남자를 누르다 (○/×)
4. 남자가 여자에게 눌리다 (○/×)

능동문/피동문 듣고 답하기 [정답]

◆ 먹다/먹히다 p. 74

1. ○
2. ×
3. ○
4. ×

◆ 업다/업히다 p. 75

1. ×
2. ×
3. ○
4. ○

◆ 안다/안기다 p. 74

1. ×
2. ○
3. ○
4. ×

◆ 잡다/잡히다 p. 75

1. ○
2. ×
3. ×
4. ○

◆ 밀다/밀리다 p. 75

1. ○
2. ×
3. ×
4. ○

◆ 물다/물리다 p. 76

1. ○
2. ×
3. ×
4. ○

◆ 쫓다/쫓기다 p. 76

1. ×
2. ×
3. ○
4. ○

◆ 누르다/눌리다 p. 76

1. ×
2. ×
3. ○
4. ○

읽기 이해

제1장 단어 이해

제2장 구문 및 문장 이해

제3장 그림 보고 답하기

제4장 문법 이해

제5장 관용어 이해

제6장 이야기 이해

제1장

단어 이해

1. 그림-글자 연결하기
2. 연관된 낱말 찾기
3. 반의어 찾기
4. 유의어 찾기
5. 단어의 의미 이해하기
6. 범주어
7. 연상단어 찾기
8. 표지판 및 상징 이해

1. 그림-글자 연결하기

그림을 보고 빈칸에 알맞은 단어를 〈보기〉에서 찾아 넣으세요.

신체부위

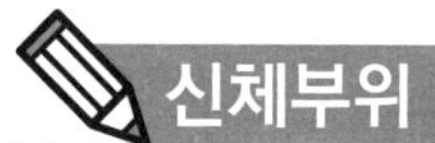

얼굴

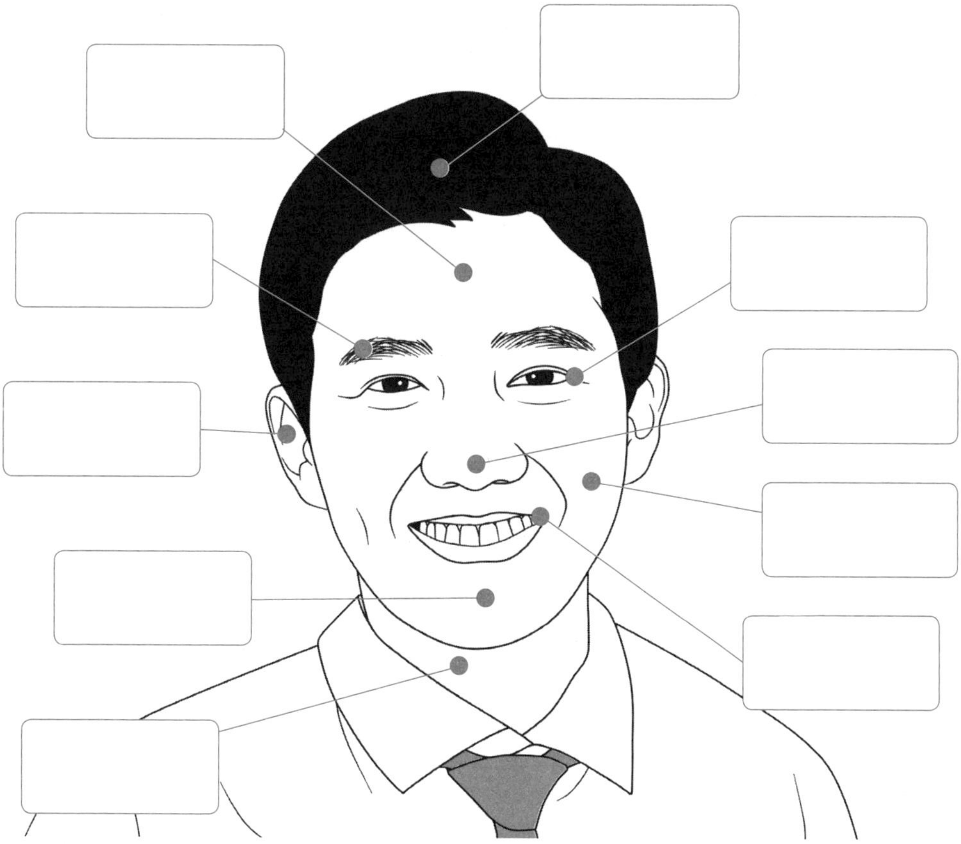

보기

코 눈 이마 턱 볼(뺨) 머리 입 눈썹 목 귀

앞모습

보기

손 어깨 배 다리 가슴 팔 발 무릎

뒷모습

보기

발목 종아리 등 허벅지 팔꿈치 손목 허리 엉덩이

사물 · 장소

그림을 보고 빈칸에 알맞은 단어를 〈보기〉에서 찾아 넣으세요.

보호자 TIP

보호자는 대상자에게 다음과 같은 도움을 줄 수 있어요.

1. **정답을 맞히지 못한다면, 단계별 단서를 하나씩 제시해 보세요.**

   단서 1 글자 수

   단서 2 첫 글자(또는 첫 자음)

   단서 2까지 제시했을 때에도 맞히지 못한다면, 정답을 알려주세요. 그리고 반복하여 익힐 수 있도록 지도해 보세요.

   예 '숟가락' 그림을 보고 글자를 써넣지 못할 경우,

   보호자: 단서 1 이것은 '세 글자'예요.

   대상자: (단서 1에도 맞히지 못할 경우)

   보호자: 단서 2 '숟'으로 시작해요. 〈보기〉에서 '숟'으로 시작하는 단어를 찾아보세요.

   대상자: (단서 2에도 맞히지 못할 경우)

   보호자: '숟가락'을 찾아보세요.

2. **단어를 들려줄 때 입모양을 크게 하여 한 글자씩 또박또박 들려주세요. 입모양과 소리를 연결하면서 도움을 받을 수 있어요.**

3. **제시된 〈보기〉의 개수가 많아 어려워한다면, 〈보기〉의 개수를 가려 난이도를 낮춰 보세요.**

칫솔　침대　약　휴지　휠체어　휴대폰

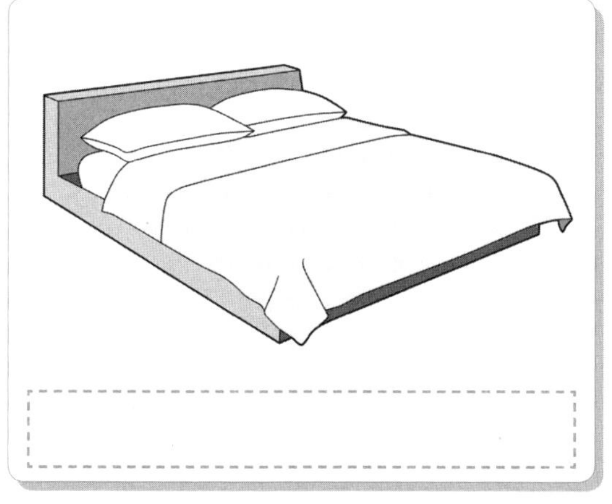

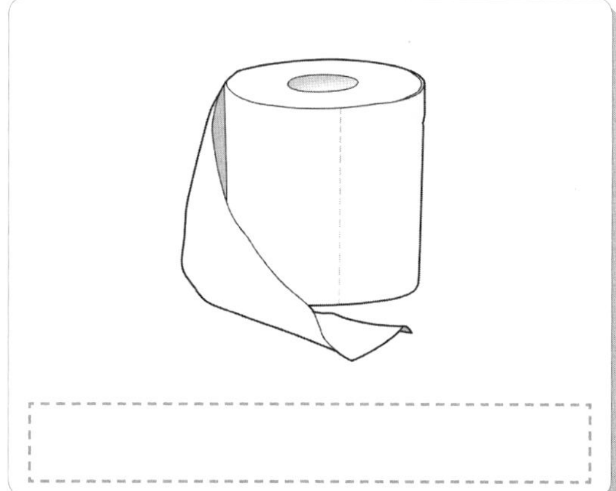

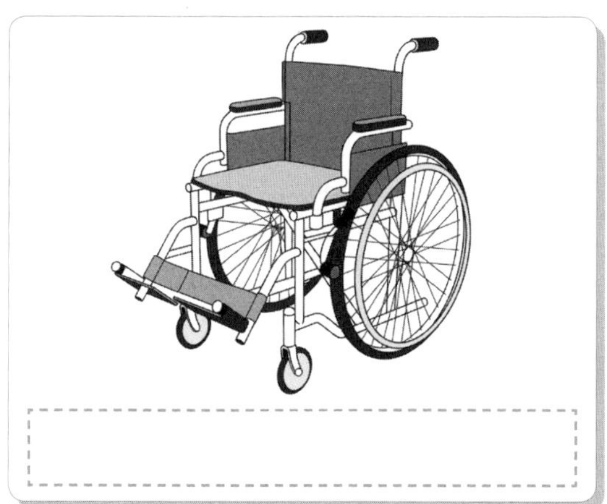

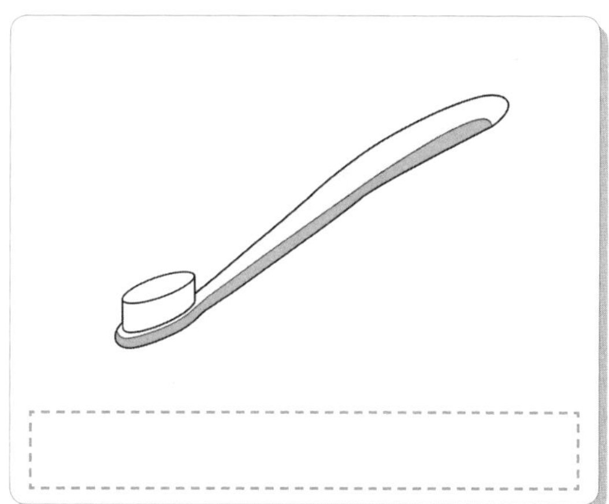

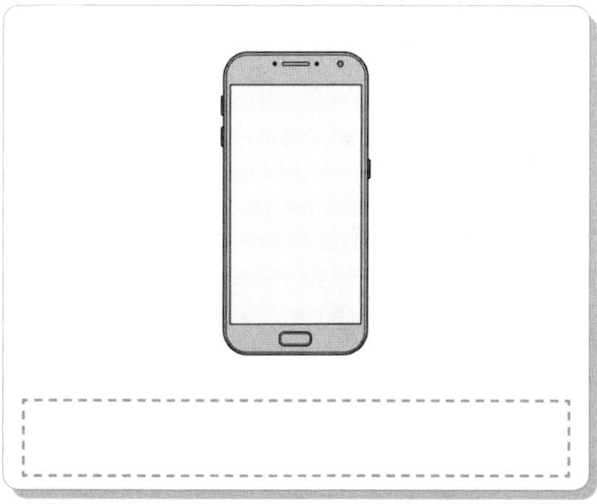

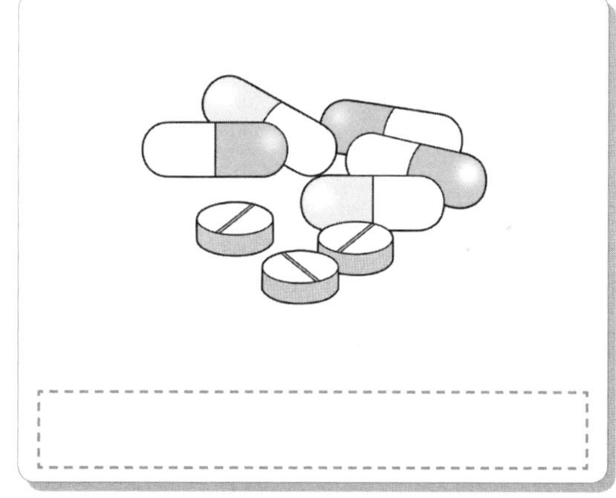

시계 볼펜 거울 마스크 지팡이 돈

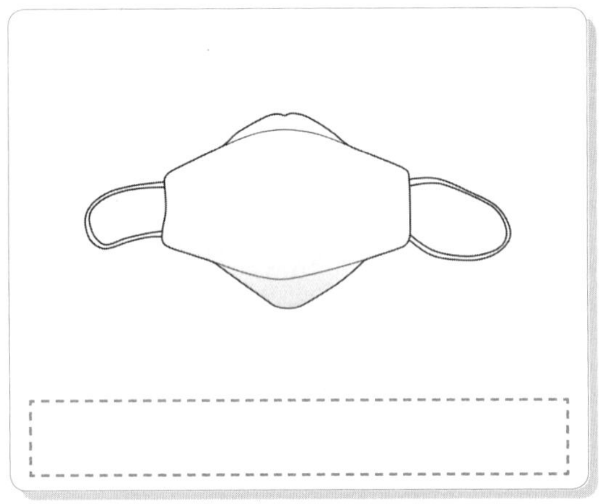

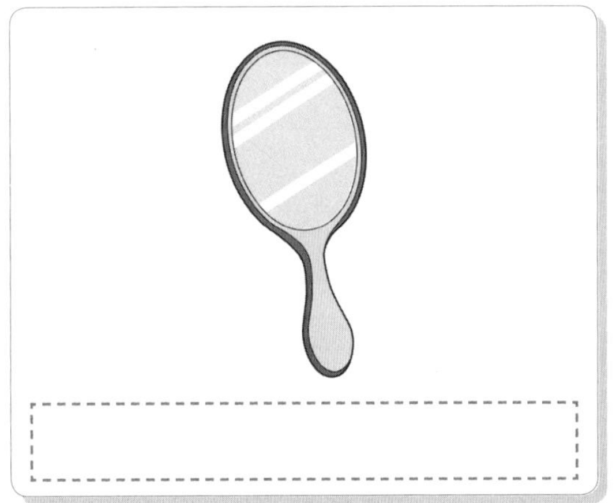

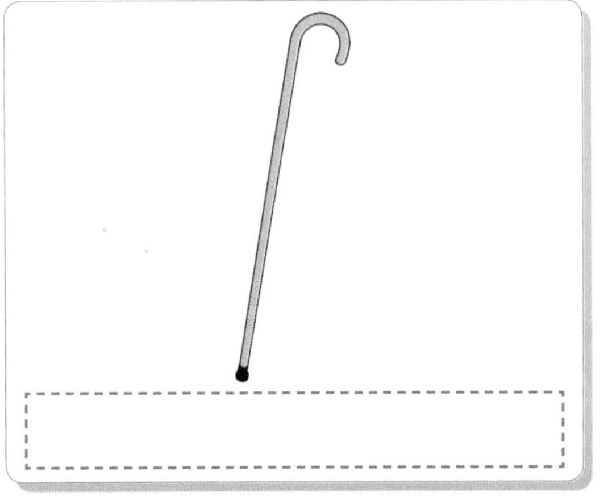

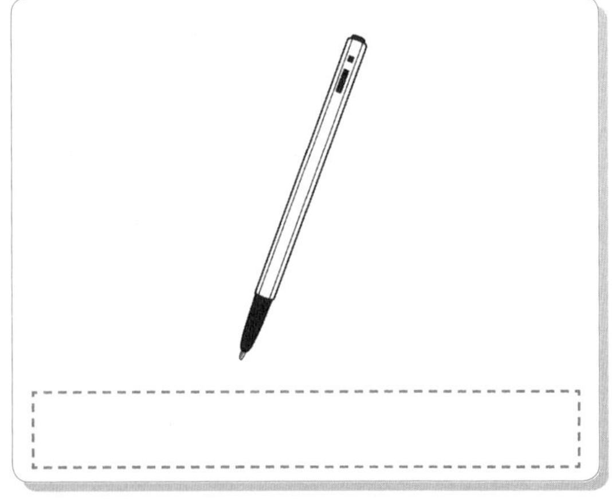

리모컨 세탁기 텔레비전 가스레인지 전자레인지 냉장고

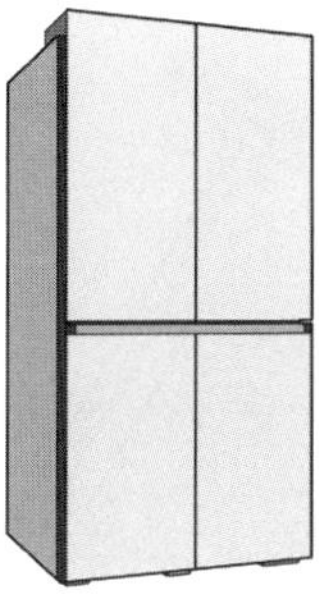

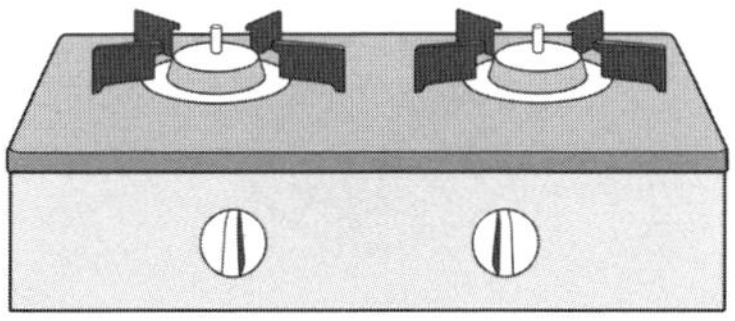

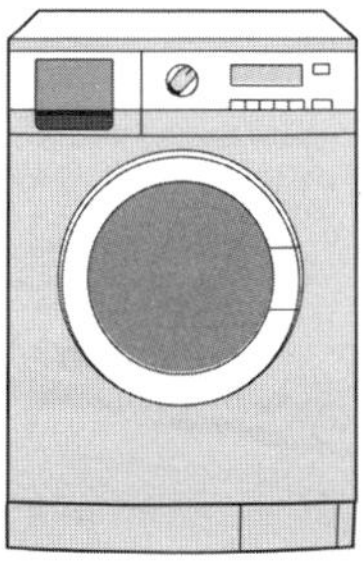

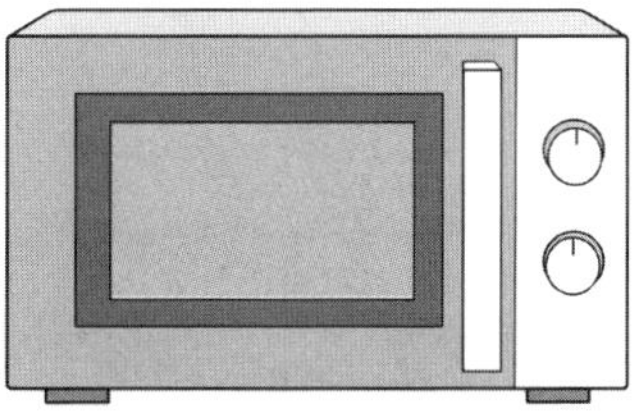

청소기 에어컨 면도기 충전기 드라이기 선풍기

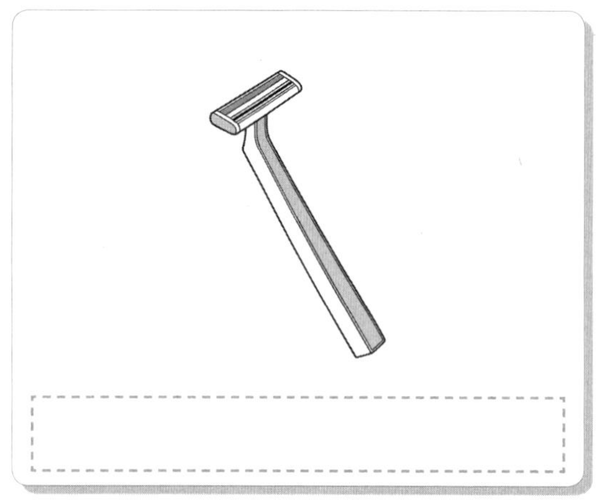

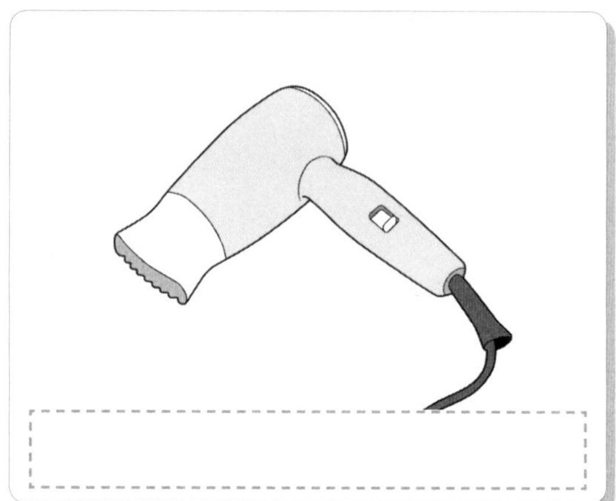

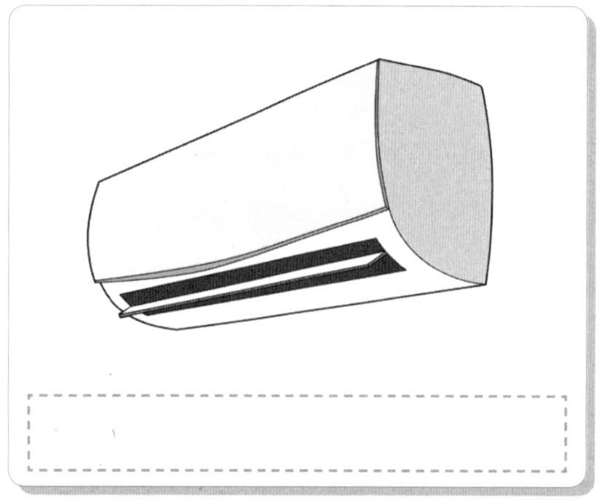

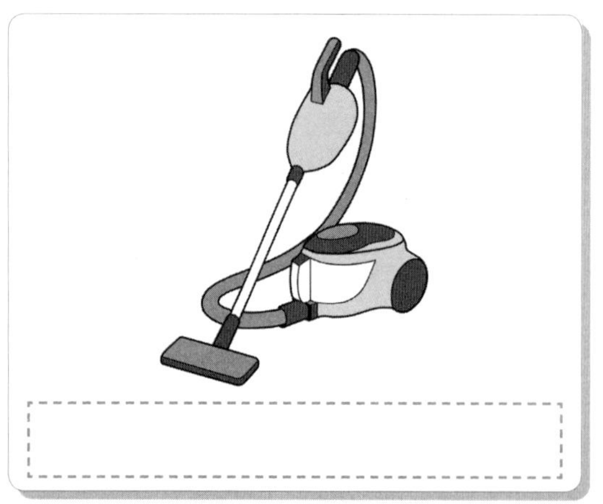

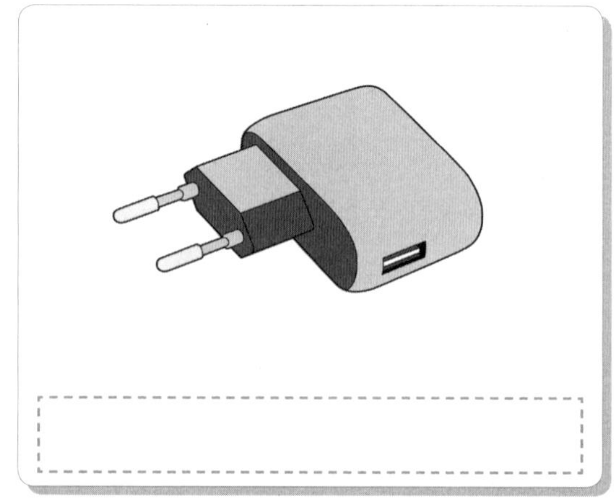

영화관 병원 마트 공원 수영장 화장실

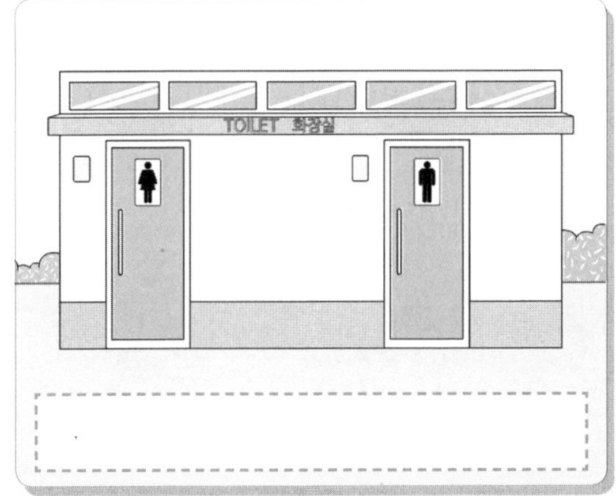

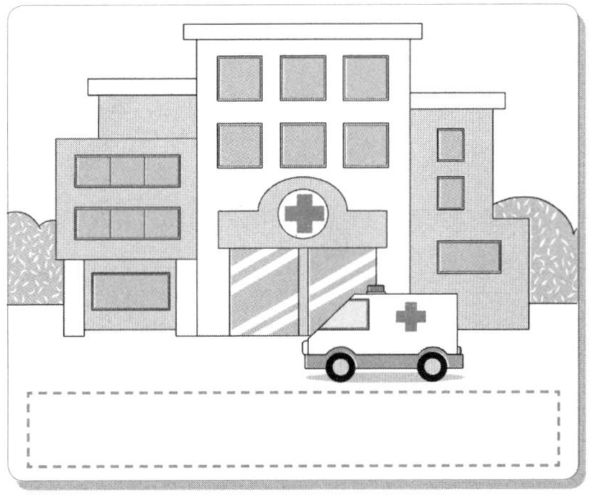

그림-글자 연결하기 [정답]

◆ 신체부위 pp. 83~85

● 얼굴

머리
이마
눈썹
눈
귀
코
볼(뺨)
턱
입
목

● 앞모습

뒷모습

손목

등

팔꿈치

허벅지

허리

엉덩이

종아리

발목

사물 · 장소

pp. 86~91

침대	휴지
휠체어	칫솔
휴대폰	약

마스크	시계
거울	돈
지팡이	볼펜

텔레비전	냉장고
가스레인지	세탁기
리모컨	전자레인지

면도기	드라이기
에어컨	선풍기
청소기	충전기

공원	마트
화장실	영화관
수영장	병원

2. 연관된 낱말 찾기

제시된 단어와 의미가 연관된 단어를 고르세요.

예

키와	----------	(몸무게)	키위	바람
세모와	----------	이모	사탕	(네모)

보호자 TIP

정답을 맞히지 못한다면, 제시된 <보기> 중 하나를 지우고 둘 중 하나를 고르도록 지도해 보세요.

1 **숟가락과** ----------

젓가락	입술	알약

2 **연필과** ----------

연못	보석	지우개

3 **밥과** ----------

국	법	불

4 **이불과** ----------

촛불	포크	베개

5 **칫솔과** ----------

물감	치약	봉투

6 강아지와 ....

피아노	고양이	사다리

7 책상과 ....

장미	옥상	의자

8 감자와 ....

고구마	숫자	바지

9 설탕과 ....

소금	풀	냄비

10 손톱과 ....

톱	뚜껑	발톱

11 빵과 ....

땅	우유	종이

12 해와 ....

달	콩	천장

13 목걸이와 ....

목적지	귀걸이	마스크

14 딸과 ....

아들	딸기	이름

15 꽃과 ....

꿈	나팔	나비

16 바늘과 ....

돈	실	마늘

17 목도리와 ....

목요일	장갑	손

18 우산과 ....

화장	장화	등산

19 망치와 ....

몸	위치	못

20 물과 ....

불	멍	살

21 텔레비전과 ....

엘리베이터	아파트	리모컨

22 반팔과 ....

반바지	반말	깃발

23 카메라와 ....

도장	보온병	사진

24 신랑과	----------	신문	신부	리본
25 고체와	----------	액체	얼룩	고향
26 햄버거와	----------	자판기	넥타이	피자
27 칼과	----------	주스	유리	도마
28 창과	----------	권투	방패	화살표
29 된장과	----------	고장	고추장	쟁반
30 콜라와	----------	나라	사이다	캥거루
31 샴푸와	----------	수영	텐트	린스
32 오전과	----------	오후	내년	장마

33 선생님과 ....

선수	학생	아빠

34 산과 ....

방울	신	바다

35 하늘과 ....

땀	땅	때

36 라면과 ....

김치	주걱	식용유

37 자장면과 ....

화면	짬뽕	마트

38 케이크와 ....

촛불	첼로	주전자

39 물감과 ....

붓	곶감	담요

40 금과 ....

굴	공	은

41 경찰과 ....

지하철	도둑	경치

42 벌과	----------	밤	꿀	발
43 설날과	----------	팥빙수	설탕	떡국
44 추석과	----------	추억	치석	송편
45 쌀과	----------	보리	정육점	문
46 상추와	----------	나뭇잎	깻잎	단추
47 기침과	----------	가래	외침	약점
48 간호사와	----------	사전	역사	의사
49 영화관과	----------	팝콘	울타리	보증서
50 뉴스와	----------	국수	앵커	가스

51 야구와 ________________

야경	옥수수	홈런

52 춤과 ________________

노래	잔디	총

53 물고기와 ________________

어항	날개	병아리

54 새와 ________________

안개	둥지	줄

55 장구와 ________________

공책	탁구	꽹과리

56 다람쥐와 ________________

더듬이	도토리	토마토

57 선배와 ________________

약속	후배	배우

58 농부와 ________________

부부	건축	어부

59 애국가와 ________________

태극기	바닷가	사은품

60 동전과 ______________

운전	동화	지폐

61 올림픽과 ______________

물음표	광복절	메달

62 커피와 ______________

페인트	카페인	테이프

63 카드와 ______________

현금	쇼핑백	속담

64 시침과 ______________

아침	침대	분침

65 잉크와 ______________

터미널	청소기	프린터

66 온라인과 ______________

오프라인	수취인	키보드

67 죄와 ______________

상금	벌	쥐

68 이론과 ______________

규정	실무	언론

연관된 낱말 찾기 [정답]

1. 젓가락
2. 지우개
3. 국
4. 베개
5. 치약
6. 고양이
7. 의자
8. 고구마
9. 소금
10. 발톱
11. 우유
12. 달
13. 귀걸이
14. 아들
15. 나비
16. 실
17. 장갑
18. 장화
19. 못
20. 불
21. 리모컨
22. 반바지
23. 사진
24. 신부
25. 액체
26. 피자
27. 도마
28. 방패
29. 고추장
30. 사이다
31. 린스
32. 오후
33. 학생
34. 바다
35. 땅
36. 김치
37. 짬뽕
38. 촛불
39. 붓
40. 은
41. 도둑
42. 꿀
43. 떡국
44. 송편
45. 보리
46. 깻잎
47. 가래
48. 의사
49. 팝콘
50. 앵커
51. 홈런
52. 노래
53. 어항
54. 둥지
55. 꽹과리
56. 도토리
57. 후배
58. 어부
59. 태극기
60. 지폐

61 메달
62 카페인
63 현금
64 분침
65 프린터
66 오프라인
67 벌
68 실무

3. 반의어 찾기

제시된 단어와 의미가(뜻이) 반대되는 단어를 고르세요.

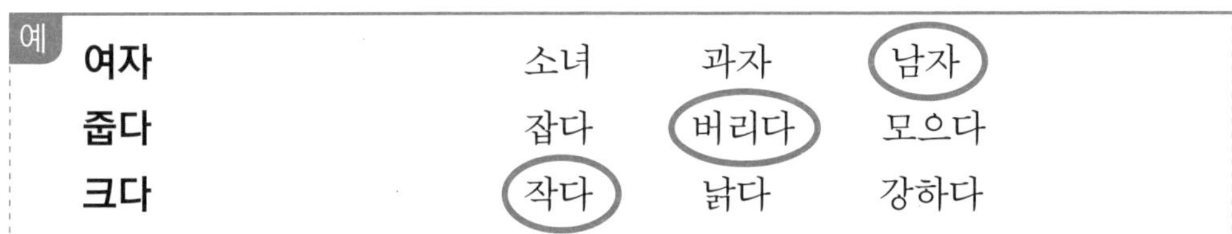

예			
여자	소녀	과자	(남자)
줍다	잡다	(버리다)	모으다
크다	(작다)	낡다	강하다

보호자 TIP

정답을 맞히지 못한다면, 제시된 〈보기〉 중 하나를 지우고 둘 중 하나를 고르도록 지도해 보세요.

명사

1 위

아래	왼쪽	천장

2 앞

전방	입	뒤

3 낮

밤	오전	어제

4 안

밖	속	마음

5 오른쪽	우회전	왼쪽	서쪽
6 동쪽	서쪽	서랍	동서
7 남쪽	남극	왼쪽	북쪽
8 더하기	합계	이야기	빼기
9 곱하기	할인	계산기	나누기
10 시작	끝	처음	아침
11 진짜	공짜	진실	가짜
12 천장	위	바닥	시장
13 부자	저축	사기	거지

14 **천사**

천재	기도	악마

15 **장점**

초점	단점	장단

16 **긍정**

허락	부정	감정

17 **진실**

거짓	핑계	사실

18 **합격**

초보	탈락	통과

19 **유죄**

감옥	무죄	속죄

20 **일치**

통일	불일치	확신

21 **동양**

서양	양식	한국

22 **정문**

후문	방문	입구

23 **직진**

전진	후진	택시

24 **출생**

아기	출발	사망

25 **성공**

실패	인정	공부

26 **합법**

방법	취소	불법

27 **수입**

수출	수술	입장료

28 **연말**

연결	연초	송년회

29 **상승**

승강기	하강	나팔

30 **승리**

패배	상금	도착

31 **밀물**

홍수	바다	썰물

32 입금	출금	영수증	가계부
33 희극	연속극	비극	극장
34 기상	기침	취침	깃발
35 희망	소식	후퇴	절망
36 이익	통장	이사	손해
37 고용	해고	사용	퇴학
38 출근	외출	접근	퇴근
39 채권자	부동산	대출	채무자
40 임차인	변호인	임대인	축의금

41 **능동적**

지적	과학적	수동적

42 **구체적**

추상적	개인적	기적

43 **주관적**

역사적	흔적	객관적

44 **개방적**

폐쇄적	효과적	면적

45 **적극적**

규칙적	목적	소극적

동사

1 **열다**

개봉하다	썰다	닫다

2 **앉다**

서다	깨다	넘어지다

3 **웃다**

울다	녹다	벌다

④ **입다**	벗다	빗다	말리다
⑤ **켜다**	보다	감추다	끄다
⑥ **가다**	기다	걷다	오다
⑦ **자다**	눕다	깨다	사다
⑧ **알다**	널다	모으다	모르다
⑨ **밀다**	기대다	당기다	걸다
⑩ **사다**	뱉다	팔다	살다
⑪ **주다**	받다	쏟다	졸다
⑫ **묶다**	안다	풀다	일하다

⑬ 접다	뒤집다	바르다	펴다
⑭ 뱉다	삼키다	찢다	섞다
⑮ 숨다	떨어지다	찾다	바꾸다
⑯ 올라가다	등산하다	내려가다	마주보다
⑰ 들어오다	나가다	헤매다	환영하다
⑱ 붙이다	떼다	막다	아끼다
⑲ 채우다	흔들다	비우다	배우다
⑳ 꺼내다	닦다	넣다	넘치다
㉑ 시작하다	시도하다	잠그다	끝나다

22 찬성하다

투표하다	반대하다	악수하다

23 입국하다

운전하다	방문하다	출국하다

24 이륙하다

착륙하다	부딪히다	떠오르다

25 공격하다

방어하다	침입하다	지치다

26 기억하다

지속하다	완성하다	잊다

27 거절하다

승낙하다	야단치다	지키다

28 정리하다

사라지다	자랑하다	어지럽히다

29 무시하다

유행하다	싸우다	존중하다

30 서두르다

준비하다	쫓다	뭉그적대다

형용사

		보기 1	보기 2	보기 3
1	**좋다**	외롭다	싫다	가깝다
2	**크다**	낡다	작다	강하다
3	**길다**	굵다	두껍다	짧다
4	**높다**	같다	낮다	깊다
5	**덥다**	춥다	힘들다	따뜻하다
6	**뜨겁다**	흐리다	미지근하다	차갑다
7	**많다**	적다	작다	맑다
8	**있다**	드물다	없다	많다
9	**빠르다**	멋지다	느리다	쌀쌀하다

⑩ **기쁘다**

슬프다	씩씩하다	어지럽다

⑪ **가볍다**

무겁다	가렵다	무섭다

⑫ **두껍다**

닮다	사납다	얇다

⑬ **밝다**

어둡다	낡다	화사하다

⑭ **뚱뚱하다**

둥글다	홀쭉하다	뾰족하다

⑮ **넓다**

떫다	잃다	좁다

⑯ **깊다**

두껍다	시다	얕다

⑰ **같다**

아프다	비슷하다	다르다

⑱ **멀다**

빠르다	가깝다	위험하다

⑲ **깨끗하다**	화려하다	더럽다	투명하다
⑳ **싸다**	진하다	쓰다	비싸다
㉑ **쉽다**	어렵다	간단하다	편하다
㉒ **맑다**	흐리다	귀엽다	빛나다
㉓ **굵다**	가늘다	두껍다	질기다
㉔ **강하다**	세다	적당하다	약하다
㉕ **맞다**	정확하다	틀리다	착하다
㉖ **짜다**	충분하다	싱겁다	시다
㉗ **검다**	파랗다	까맣다	하얗다

28 배고프다	신선하다	날씬하다	배부르다
29 행복하다	아름답다	불행하다	그립다
30 편하다	불편하다	괜찮다	안전하다
31 조용하다	시끄럽다	새롭다	쓸쓸하다
32 딱딱하다	단단하다	말랑말랑하다	헐렁하다
33 거칠다	든든하다	부드럽다	뚜렷하다
34 가난하다	불쾌하다	저렴하다	부유하다
35 바쁘다	한가하다	이르다	분명하다
36 부지런하다	게으르다	친절하다	급하다

37 **위험하다**

시끄럽다	어둡다	안전하다

38 **습하다**

답답하다	포근하다	건조하다

39 **단순하다**

심심하다	평평하다	복잡하다

40 **낯설다**

익숙하다	고소하다	귀찮다

41 **용감하다**

비겁하다	불쌍하다	당황하다

42 **공손하다**

똑똑하다	무례하다	유명하다

43 **능숙하다**

지루하다	서툴다	다양하다

44 **따뜻하다**

섭섭하다	시원하다	납작하다

45 **다정하다**

무뚝뚝하다	유치하다	신기하다

46 **충분하다**

뛰어나다	모자라다	만족하다

47 **가능하다**

위대하다	동일하다	불가능하다

48 **해롭다**

이롭다	아깝다	새롭다

반의어 찾기 [정답]

◆ 명사

pp. 104~109

1 아래
2 뒤
3 밤
4 밖
5 왼쪽
6 서쪽
7 북쪽
8 빼기
9 나누기
10 끝
11 가짜
12 바닥
13 거지
14 악마
15 단점
16 부정
17 거짓
18 탈락
19 무죄
20 불일치
21 서양
22 후문
23 후진
24 사망
25 실패
26 불법
27 수출
28 연초
29 하강
30 패배
31 썰물
32 출금
33 비극
34 취침
35 절망
36 손해
37 해고
38 퇴근
39 채무자
40 임대인
41 수동적
42 추상적
43 객관적
44 폐쇄적
45 소극적

◆ 동사

pp. 109~112

1 닫다
2 서다
3 울다
4 벗다
5 끄다
6 오다

7 깨다
8 모르다
9 당기다
10 팔다
11 받다
12 풀다
13 펴다
14 삼키다
15 찾다
16 내려가다
17 나가다
18 떼다
19 비우다
20 넣다
21 끝나다
22 반대하다
23 출국하다
24 착륙하다
25 방어하다
26 잊다
27 승낙하다
28 어지럽히다
29 존중하다
30 뭉그적대다

◆ 형용사 pp. 113~118

1 싫다
2 작다
3 짧다
4 낮다
5 춥다
6 차갑다
7 적다
8 없다
9 느리다
10 슬프다
11 무겁다
12 얇다
13 어둡다
14 홀쭉하다
15 좁다
16 얕다
17 다르다
18 가깝다
19 더럽다
20 비싸다
21 어렵다
22 흐리다
23 가늘다
24 약하다
25 틀리다
26 싱겁다
27 하얗다
28 배부르다
29 불행하다
30 불편하다
31 시끄럽다
32 말랑말랑하다
33 부드럽다
34 부유하다
35 한가하다
36 게으르다
37 안전하다
38 건조하다
39 복잡하다
40 익숙하다
41 비겁하다
42 무례하다

43 서툴다
44 시원하다
45 무뚝뚝하다
46 모자라다
47 불가능하다
48 이롭다

4. 유의어 찾기

제시된 단어와 의미가(뜻이) 가장 유사한 단어를 고르세요.

보호자 TIP

정답을 맞히지 못한다면, 제시된 〈보기〉 중 하나를 지우고 둘 중 하나를 고르도록 지도해 보세요.

명사

1	노래	음악	모래	음치
2	어린이	어른	부모	아이
3	부엌	부채	주방	냉장고
4	식당	식물	마당	음식점
5	빨래	세탁	빨대	바지

6 선생님	학교	교사	학생
7 강도	목격자	경찰	도둑
8 가격	가게	값	거래
9 사람	인간	사랑	남자
10 치아	이	치과	주차
11 거리	신호등	허리	도로
12 돈	은행	화폐	저금
13 외모	성격	외식	겉모습
14 얼굴	안면	몸	동굴

15 공짜	할인	무료	공장
16 결혼	친구	반지	혼인
17 동그라미	바퀴	원	동산
18 세모	삼각형	고모	십자가
19 네모	사각형	오각형	사거리
20 정지	출발	신호	중지
21 끝	출발	마지막	꿀
22 나라	나무	무궁화	국가
23 잠	수면	이불	집

24 **사물**	창고	물건	액체
25 **게시판**	명함	주차장	알림판
26 **게임**	주사위	오락	상금
27 **경기**	시합	홈런	경비
28 **연락처**	전화번호	숫자	연기자
29 **말**	존댓말	물	언어
30 **속**	위	안	손
31 **겉**	안	멋	밖
32 **굴**	터널	고속도로	귤

33 답장

담장	회신	휴대폰

34 생명

생일	성명	목숨

35 서류

컴퓨터	문서	도화지

36 풍경

경치	시골	카메라

37 광고

선전	텔레비전	연예인

38 이름

이웃	친구	명칭

39 순서

시간	차례	순간

40 표면

종이	표지판	겉면

41 크기

규모	모양	색깔

42	지면	하늘	지진	땅
43	집	즙	성공	가정
44	흥미	성격	관심	흑미
45	욕심	탐욕	인내심	목욕
46	의지	의욕	의자	목표
47	대화	속담	부재중	담화
48	의미	정답	뜻	의리
49	이유	결과	야유	원인
50	사실	진실	가짜	변호사

동사

1	**닦다**	세척하다	끓다	감다
2	**뛰다**	떨다	달리다	걷다
3	**자르다**	자다	뚫다	오리다
4	**싸우다**	다투다	우승하다	장난치다
5	**때리다**	붙이다	떼다	치다
6	**정리하다**	치우다	꺼내다	채우다
7	**찾다**	참다	발견하다	어지르다
8	**숨기다**	남다	맞추다	감추다

9 사다	팔다	구매하다	버리다
10 입다	착용하다	입장하다	업다
11 먹다	뱉다	섭취하다	앉다
12 잡다	놓다	자다	쥐다
13 고치다	수리하다	망가지다	누르다
14 기르다	구르다	구경하다	키우다
15 바라다	기대하다	바르다	불다
16 고르다	반대하다	선택하다	넘치다
17 쓰다	썰다	절약하다	사용하다

18 쏟다	더듬다	흘리다	쌓다
19 바꾸다	교환하다	보내다	건네다
20 지우다	그리다	삭제하다	만들다
21 젓다	날다	넣다	섞다
22 비비다	문지르다	만들다	두드리다
23 마르다	조르다	헤매다	야위다
24 참다	인내하다	흔들다	지치다
25 감동하다	움직이다	감격하다	환영하다
26 꾸미다	꾸짖다	구경하다	치장하다

27	거절하다	허락하다	거부하다	우려하다
28	걱정하다	염려하다	희망하다	부딪히다
29	격려하다	부탁하다	응원하다	당부하다
30	성장하다	서명하다	장식하다	자라다
31	파괴하다	부수다	관찰하다	실수하다
32	공감하다	집중하다	공부하다	와닿다
33	살다	거주하다	외출하다	팔다
34	머뭇거리다	덤벙대다	망설이다	무리하다
35	요약하다	요구하다	약속하다	간추리다

36 **애쓰다**

어울리다	노력하다	깨물다

37 **승진하다**

진급하다	채점하다	신고하다

형용사

1 **크다**

커다랗다	적다	많다

2 **작다**

크다	조그맣다	둥글다

3 **어둡다**

푸르다	희미하다	깜깜하다

4 **검다**

하얗다	흐리다	까맣다

5 **싸다**

저렴하다	값지다	비싸다

6 **밝다**

붉다	반갑다	환하다

⑦ **가렵다**

가늘다	간지럽다	굵다

⑧ **즐겁다**

흥겹다	지겹다	흔하다

⑨ **강하다**

여리다	세다	가볍다

⑩ **시끄럽다**

소란하다	시시하다	조용하다

⑪ **화나다**

귀찮다	성나다	슬프다

⑫ **맵다**

순하다	사납다	매콤하다

⑬ **느리다**

급하다	어리다	굼뜨다

⑭ **힘들다**

고되다	부럽다	편하다

⑮ **조용하다**

쓸쓸하다	어수선하다	고요하다

⑯ **시원하다**	포근하다	서늘하다	미지근하다
⑰ **배고프다**	허하다	배부르다	행복하다
⑱ **건강하다**	특별하다	튼튼하다	약하다
⑲ **고맙다**	감사하다	괴롭다	어색하다
⑳ **두렵다**	유쾌하다	무섭다	두껍다
㉑ **충분하다**	두툼하다	느슨하다	넉넉하다
㉒ **모자라다**	모질다	풍성하다	부족하다
㉓ **다정하다**	상냥하다	똑똑하다	정의롭다
㉔ **깨끗하다**	뛰어나다	지저분하다	청결하다

25 부끄럽다	부드럽다	수줍다	당당하다
26 우울하다	슬프다	깊다	안전하다
27 답답하다	미끄럽다	갑갑하다	세심하다
28 착하다	선량하다	짓궂다	껄끄럽다
29 가난하다	적당하다	빈곤하다	시들다
30 바쁘다	한가하다	옳다	분주하다
31 황당하다	활발하다	어지럽다	어이없다
32 멍청하다	어리석다	똘똘하다	뛰어나다
33 발랄하다	막막하다	심각하다	명랑하다

34 무디다	너그럽다	둔하다	옹졸하다
35 알맞다	적절하다	필요하다	다르다
36 건방지다	소심하다	무례하다	차갑다
37 알뜰하다	검소하다	어색하다	헤프다
38 가냘프다	통통하다	가녀리다	귀엽다
39 서운하다	친절하다	섭섭하다	단호하다
40 익숙하다	어설프다	서투르다	친숙하다
41 흡족하다	만족하다	억울하다	불안하다
42 후련하다	경쾌하다	예쁘다	홀가분하다

43 **난처하다**

요란하다	난감하다	질기다

44 **간결하다**

간단하다	길쭉하다	간사하다

45 **심하다**

적합하다	과하다	심난하다

46 **낯설다**

생소하다	화려하다	자연스럽다

47 **안쓰럽다**

무겁다	가엽다	차분하다

48 **현명하다**

미련하다	허망하다	지혜롭다

49 **확실하다**

막연하다	가깝다	명백하다

50 **한결같다**

변함없다	단정하다	부당하다

51 **지루하다**

특이하다	따분하다	위태롭다

유의어 찾기 [정답]

◆ 명사

pp. 122~127

1 음악
2 아이
3 주방
4 음식점
5 세탁
6 교사
7 도둑
8 값
9 인간
10 이
11 도로
12 화폐
13 겉모습
14 안면
15 무료
16 혼인
17 원
18 삼각형
19 사각형
20 중지
21 마지막
22 국가
23 수면
24 물건
25 알림판
26 오락
27 시합
28 전화번호
29 언어
30 안
31 밖
32 터널
33 회신
34 목숨
35 문서
36 경치
37 선전
38 명칭
39 차례
40 겉면
41 규모
42 땅
43 가정
44 관심
45 탐욕
46 의욕
47 담화
48 뜻
49 원인
50 진실

◆ 동사

pp. 128~132

1. 세척하다
2. 달리다
3. 오리다
4. 다투다
5. 치다
6. 치우다
7. 발견하다
8. 감추다
9. 구매하다
10. 착용하다
11. 섭취하다
12. 쥐다
13. 수리하다
14. 키우다
15. 기대하다
16. 선택하다
17. 사용하다
18. 흘리다
19. 교환하다
20. 삭제하다
21. 섞다
22. 문지르다
23. 야위다
24. 인내하다
25. 감격하다
26. 치장하다
27. 거부하다
28. 염려하다
29. 응원하다
30. 자라다
31. 부수다
32. 와닿다
33. 거주하다
34. 망설이다
35. 간추리다
36. 노력하다
37. 진급하다

◆ 형용사

pp. 132~137

1. 커다랗다
2. 조그맣다
3. 깜깜하다
4. 까맣다
5. 저렴하다
6. 환하다
7. 간지럽다
8. 홍겹다
9. 세다
10. 소란하다
11. 성나다
12. 매콤하다
13. 굼뜨다
14. 고되다
15. 고요하다
16. 서늘하다
17. 허하다
18. 튼튼하다
19. 감사하다
20. 무섭다
21. 넉넉하다
22. 부족하다
23. 상냥하다
24. 청결하다

㉕ 수줍다
㉖ 슬프다
㉗ 갑갑하다
㉘ 선량하다
㉙ 빈곤하다
㉚ 분주하다
㉛ 어이없다
㉜ 어리석다
㉝ 명랑하다
㉞ 둔하다
㉟ 적절하다
36 무례하다
37 겸소하다
38 가녀리다
39 섭섭하다
40 친숙하다
41 만족하다
42 홀가분하다
43 난감하다
44 간단하다
45 과하다
46 생소하다
47 가엽다
48 지혜롭다
49 명백하다
50 변함없다
51 따분하다

5. 단어의 의미 이해하기

유형 1 질문에 답하기

질문을 읽고 답을 고르세요.

예 **쓰레기를 버리는 통은?** 신발장 (쓰레기통) 저금통

보호자 TIP

보호자는 대상자에게 다음과 같은 도움을 줄 수 있어요.

1. 정답을 맞히지 못한다면, 제시된 〈보기〉 중 그림을 제시할 수 있는 것은 그림을 보여 주고 고를 수 있도록 지도해 보세요.

2. 제시된 문제를 반대로 질문해서 표현을 이끌어 낼 수 있어요.

   예 쓰레기를 버리는 통은? 쓰레기통

   → 쓰레기통은 무엇인가요?

3. 제시된 〈보기〉의 개수가 많아 어려워한다면, 〈보기〉의 개수를 가려 난이도를 낮춰 보세요.

1. 누워서 잠을 자는 곳은?

식탁	침대	화장실

2. 몸의 물기를 닦을 때 쓰는 것은?

수건	걸레	이불

3. 햇빛을 가리기 위해 머리에 쓰는 것은?

샴푸	모자	허리띠

4. 물이나 음료를 따라 마시는 것은?

콜라	쟁반	컵

5. 눈이 잘 안 보일 때 쓰는 것은?

안과	안경	눈치

6. 밖에 나갈 때 신는 것은?

신발	넥타이	운동

7 비가 올 때 쓰는 것은?

가방	지팡이	우산

8 글씨를 쓸 때 쓰는 것은?

지우개	자	볼펜

9 약을 살 수 있는 곳은?

약국	세탁소	주사기

10 날짜를 볼 때 쓰는 것은?

시간	달력	영화

11 손을 씻거나 세수를 할 때 쓰는 것은?

비누	고무장갑	샴푸

12 밥이나 국을 떠먹을 때 쓰는 것은?

뒤집개	식사	숟가락

13 밥과 함께 먹는 것은?

세제	접시	반찬

14 음식의 간을 맞추기 위해 넣는 것은?

김장	간판	간장

15 세수를 하고 얼굴에 바르는 것은?

파스	로션	버터

16 배가 정박하는 곳은?

운동장	항구	공항

17 음식을 끓이거나 삶을 때 쓰는 것은?

냉장고	고기	냄비

18 초등학교 전에 다니는 곳은?

유치원	공원	중학교

19 요리를 하는 공간은 무엇인가요?

베란다	부엌	마트

20 물고기를 잡을 때 쓰는 망은?

그늘	그물	어부

21 겨울철 체온을 유지하기 위에 옷 안에 입는 것은?

내구성	내복	손수건

22 시끄러운 소리를 막기 위해 귀에 끼우는 것은?

귀마개	보청기	귀지

23 소지품을 넣을 수 있도록 옷에 달려있는 것은?

주머니	방석	필통

24 이가 상해서 아픈 질환은 무엇인가요?

망치	사탕	충치

25 나무들이 무성하게 우거진 곳은?

숲	하늘	바다

26 직장으로 일하러 가는 것은 무엇인가요?

휴가	퇴근	출근

27 특정 지역에서 생산되는 물품은 무엇인가요?

관광 명소	휴가	특산품

28 더울 때 몸에서 흐르는 것은?

뜸	땀	댐

29 살이 긁히거나 찢어져서 생기는 것은?

상처	곰팡이	연고

30 비가 오지 않아 땅이 메마르는 현상은?

홍수	일기 예보	가뭄

31 사용한 그릇을 씻는 일은?

설거지	뜨개질	환기

32 금요일의 하루 전날은?

토요일	공휴일	목요일

33 돈을 넣고 버튼을 눌러 물건을 사는 것은?

지갑	자판기	은행

34 한쪽 눈을 깜빡이는 눈짓은 무엇인가요?

쌍꺼풀	윙크	만세

35 당첨이 되면 큰 금액의 상금을 받는 것은?

계좌	벌금	복권

36 자동차가 지나갈 수 있도록 산을 뚫어서 길을 낸 것은?

천막	터널	언덕

37 손톱이나 발톱에 색을 입히는 화장품은?

향수	립스틱	매니큐어

38 책을 읽은 후 생각이나 느낌을 적은 글은 무엇인가요?

가계부	느낌표	독후감

39 비행기가 이륙, 착륙 시 다니는 길은 무엇인가요?

활주로	고속도로	골목길

40 여러 사람에게 알려야 할 내용을 붙여놓는 판은 무엇인가요?

게시판	확성기	출판사

41 공기 중에 작은 물방울들이 많아 뿌옇게 되는 현상은?

황사	안개	번개

42 역사적 자료나 유물을 전시해 놓은 곳은?

지하도	수족관	박물관

43 쓰레기를 종류별로 분리하여 버리는 것은 무엇인가요?

플라스틱	분리수거	화장지

44 손의 모양에 따라 승부를 정하는 방법은?

주사위	가위바위보	술래잡기

45 귀에 대고 속삭이면서 하는 말은 무엇인가요?

귓속말	함성	스피커

46 졸리거나 피곤할 때 입이 벌어지는 현상은?

악수	하품	기지개

47 실제보다 더 아픈 체하는 것은 무엇인가요?

질투	엄살	미소

48 병을 예방하기 위해 주사를 맞는 것은?

예방 접종	안약	준비 운동

49 광고를 하기 위해 거리에 걸어 놓은 것은?

모델	현수막	드라마

50 뱃속에 있는 아기를 부르는 이름은?

나비	탯줄	태명

51 할 수 있다는 용기와 자신 있는 느낌은 무엇인가요?

착각	자신감	고집

52 빛이 닿지 않는 쪽에 어둡게 생기는 것은?

전봇대	노을	그림자

53 어제의 어제를 뜻하는 말은?

그저께	내일	일주일

54 아들의 아내를 부르는 말은?

며느리	시누이	고모

55 여러 사람이 말을 전하는 것은 무엇인가요?

소문	친구	소원

56 한 쪽으로만 치우친 생각은 무엇인가요?

핑계	편견	참견

57 다른 사람의 생각이나 감정을 같이 느끼는 것은 무엇인가요?

공부	곶감	공감

58 다른 사람의 어려움을 측은하게 여기는 마음은 무엇인가요?

동정심	호기심	양심

유형 2 알맞은 의미 연결하기

단어와 의미(뜻)를 알맞게 연결하세요.

보호자 TIP

제시된 문항의 개수가 많아 어려워한다면 몇 개의 문항을 가려 난이도를 낮출 수 있어요.

1

봄	덥고 장마가 오는 계절
여름	눈이 오고 추운 계절
가을	낙엽이 지고 선선한 계절
겨울	꽃이 피고 따뜻한 계절

2

신문	꽃을 심는 그릇
양말	물건을 넣을 수 있는 것
가방	새로운 소식을 전해 주는 것
화분	발에 신는 것

3

주유소	도로를 따라 심은 나무
세탁소	시간을 알려 주는 것
가로수	밤 12시
가로등	도로가 어둡지 않도록 비춰 주는 것
자정	차에 기름을 넣는 곳
시계	빨래와 다림질을 해 주는 곳

4

엄지	파도를 막기 위해 쌓는 둑
사다리	물건을 보관하는 공간
가습기	공기의 흐름
창고	높은 곳을 오르내릴 때 쓰는 것
방파제	첫 번째 손가락
바람	공기의 습도를 높여 주는 기계

5

보름달	한 해를 마무리하며 갖는 모임
편식	해가 뜨는 현상
송년회	새가 알을 낳고 사는 곳
멀미	우주를 비행할 수 있는 것
해돋이	네 개로 갈라진 길
우주선	동그랗게 꽉 찬 달
둥지	음식을 가려서 먹는 것
사거리	차나 배를 타서 속이 울렁거리는 증세

6

결혼	사진을 찍을 때 사용하는 것
정장	물고기를 잡는 일
영상통화	음식을 담는 것
갈매기	바닷가에 날아다니는 새
등산	단정하게 차려입는 옷
낚시	얼굴을 보면서 전화하는 것
그릇	두 사람이 부부가 되는 것
카메라	산에 오르는 운동

7

저울	쌀, 콩, 보리 등의 식량
면도기	물건을 사고파는 일
트렁크	법을 어겼을 때 내야 하는 것
초승달	사람의 얼굴을 그린 그림
거래	결혼식에 초대하는 초대장
벌금	자동차의 짐을 싣는 칸
곡식	무게를 잴 때 쓰는 것
청진기	심장 박동 소리를 들을 수 있는 것
청첩장	수염을 깎을 때 쓰는 것
초상화	눈썹 모양의 달

8

폭포	토요일과 일요일
시험	매우 심한 더위
12월	원래 가격보다 저렴하게 파는 것
얼음	일 년의 마지막 달
주말	실력을 평가하는 일
평일	물을 얼린 것
원피스	월요일부터 금요일
지도	길을 찾을 때 보는 것
할인	절벽에서 쏟아져 내리는 물줄기
폭염	상하의가 하나로 연결된 옷

단어의 의미 이해하기 [정답]

유형 1 질문에 답하기

pp. 141~151

1. 침대
2. 수건
3. 모자
4. 컵
5. 안경
6. 신발
7. 우산
8. 볼펜
9. 약국
10. 달력
11. 비누
12. 숟가락
13. 반찬
14. 간장
15. 로션
16. 항구
17. 냄비
18. 유치원
19. 부엌
20. 그물
21. 내복
22. 귀마개
23. 주머니
24. 충치
25. 숲
26. 출근
27. 특산품
28. 땀
29. 상처
30. 가뭄
31. 설거지
32. 목요일
33. 자판기
34. 윙크
35. 복권
36. 터널
37. 매니큐어
38. 독후감
39. 활주로
40. 게시판
41. 안개
42. 박물관
43. 분리수거
44. 가위바위보
45. 귓속말
46. 하품
47. 엄살
48. 예방 접종
49. 현수막
50. 태명
51. 자신감
52. 그림자
53. 그저께
54. 며느리
55. 소문
56. 편견
57. 공감
58. 동정심

유형 2 알맞은 의미 연결하기

pp. 152~155

1
- 봄–꽃이 피고 따뜻한 계절
- 여름–덥고 장마가 오는 계절
- 가을–낙엽이 지고 선선한 계절
- 겨울–눈이 오고 추운 계절

2
- 신문–새로운 소식을 전해 주는 것
- 양말–발에 신는 것
- 가방–물건을 넣을 수 있는 것
- 화분–꽃을 심는 그릇

3
- 주유소–차에 기름을 넣는 곳
- 세탁소–빨래와 다림질을 해 주는 곳
- 가로수–도로를 따라 심은 나무
- 가로등–도로가 어둡지 않도록 비춰 주는 것
- 자정–밤 12시
- 시계–시간을 알려 주는 것

4
- 엄지–첫 번째 손가락
- 사다리–높은 곳을 오르내릴 때 쓰는 것
- 가습기–공기의 습도를 높여 주는 기계
- 창고–물건을 보관하는 공간
- 방파제–파도를 막기 위해 쌓는 둑
- 바람–공기의 흐름

5
- 보름달–동그랗게 꽉 찬 달
- 편식–음식을 가려서 먹는 것
- 송년회–한 해를 마무리하며 갖는 모임
- 멀미–차나 배를 타서 속이 울렁거리는 증세
- 해돋이–해가 뜨는 현상
- 우주선–우주를 비행할 수 있는 것
- 둥지–새가 알을 낳고 사는 곳
- 사거리–네 개로 갈라진 길

6
- 결혼–두 사람이 부부가 되는 것
- 정장–단정하게 차려입는 옷
- 영상통화–얼굴을 보면서 전화하는 것
- 갈매기–바닷가에 날아다니는 새
- 등산–산에 오르는 운동
- 낚시–물고기를 잡는 일
- 그릇–음식을 담는 것
- 카메라–사진을 찍을 때 사용하

는 것

7
- 저울–무게를 잴 때 쓰는 것
- 면도기–수염을 깎을 때 쓰는 것
- 트렁크–자동차의 짐을 싣는 칸
- 초승달–눈썹 모양의 달
- 거래–물건을 사고파는 일
- 벌금–법을 어겼을 때 내야 하는 것
- 곡식–쌀, 콩, 보리 등의 식량
- 청진기–심장 박동 소리를 들을 수 있는 것
- 청첩장–결혼식에 초대하는 초대장
- 초상화–사람의 얼굴을 그린 그림

8
- 폭포–절벽에서 쏟아져 내리는 물줄기
- 시험–실력을 평가하는 일
- 12월–일 년의 마지막 달
- 얼음–물을 얼린 것
- 주말–토요일과 일요일
- 평일–월요일부터 금요일
- 원피스–상하의가 하나로 연결된 옷
- 지도–길을 찾을 때 보는 것
- 할인–원래 가격보다 저렴하게 파는 것
- 폭염–매우 심한 더위

6. 범주어

유형 1 해당하지 않는 것 고르기

제시된 범주에 해당하지 않는 단어를 고르세요.

예
음료 콜라 (얼음) 주스
→ 음료에는 '얼음'이 해당하지 않음

① **동물**

사슴	파리	낙타

② **과일**

오이	포도	바나나

③ **야채 · 채소**

깻잎	버섯	멜론

④ **가전제품**

옷장	세탁기	공기청정기

⑤ **가구**

침대	쇼파	냉장고

⑥ **계절**

봄	거울	가을

⑦ 곤충	벌	너구리	개미
⑧ 꽃	풍경화	장미	튤립
⑨ 차	녹차	홍차	주차
⑩ 모양	물	네모	원
⑪ 사무용품	칼	지우개	국자
⑫ 음료	식혜	후추	커피
⑬ 화장실	세면대	싱크대	변기
⑭ 장소	소설가	박물관	방송국
⑮ 신발	샌들	장화	장갑

16 운동(스포츠)	선수	배드민턴	스키
17 하늘	별	구름	땅
18 식물	나무	동물	꽃
19 산	한라산	부동산	설악산
20 바다	교양	태평양	대서양
21 직업	선생님	작곡가	자장가
22 식기류	볼펜	포크	젓가락
23 조류(새)	갈매기	비둘기	악어
24 곡식	보리	배추	현미

25 탕(찌개)	삼계탕	목욕탕	매운탕
26 얼굴	이마	눈썹	허리
27 하체	팔꿈치	종아리	무릎
28 흰색	백조	화장지	숯
29 다리 네 개	펭귄	기린	염소
30 바퀴 두 개	택시	오토바이	자전거
31 하의	바지	티셔츠	치마
32 액체	물	우유	고드름
33 고체	우유	사탕	과자

34 명절	설날	추석	연말
35 여름 용품	목도리	선풍기	선글라스
36 매운 맛	고추	달걀	마늘
37 손가락	엄지	가지	중지
38 나라	캐나다	영국	서울
39 호칭	조끼	고모	삼촌
40 서울	종로	해운대	강남
41 강원도	춘천	전주	평창
42 병원	정형외과	산부인과	영문학과

43 기관	기관지	주민센터	복지관
44 문화유산	석굴암	불국사	63빌딩
45 국경일	사계절	개천절	광복절
46 아시아	한국	미국	일본
47 우리나라 국보	한라봉	석굴암	숭례문
48 재질 · 자재	플라스틱	유리	병따개

유형 2 다른 하나 찾아 고치기

제시된 단어 중 공통점(범주)이 다른 하나를 찾고 바르게 고쳐보세요.

예

갈치　　고등어　　장어　　~~까치~~
꽁치

→ 갈치, 고등어, 장어는 바다에 사는 생물이고 까치는 해당하지 않음

→ 꽁치, 참치, 가자미 등 바다 생물로 고칠 수 있음

보호자 TIP

대상자가 맞히지 못한다면, 공통된 범주를 알려주세요. 그래도 맞히지 못한다면, 정답을 알려주세요. 그리고 바르게 고치도록 지도해 보세요.

예 갈치　고등어　장어　까치

보호자: 이 중에서 바다에 살지 않는 것은 무엇인가요?

대상자: (정답을 맞히지 못한다면)

보호자: 정답은 까치예요. 까치를 바다에 사는 것으로 바꾸어 보세요.

1. 폭설 여름 겨울 봄
2. 포도 땅콩 복숭아 수박
3. 감자 고추 마늘 국화
4. 파랑 사랑 빨강 노랑
5. 반지 팔찌 목걸이 옷장
6. 사마귀 나비 곰 무당벌레
7. 소나무 진달래 민들레 코스모스
8. 미꾸라지 고래 까치 갈치
9. 냄새 비둘기 참새 독수리
10. 식빵 멜빵 팥빵 호빵

11	기차	택시	자전거	다리
12	소나무	열무	대나무	느티나무
13	시금치	콩나물	고사리	보리
14	침대	의자	에어컨	책상
15	소파	냉장고	전자레인지	세탁기
16	물감	크레파스	자석	색연필
17	승용차	녹차	보리차	둥굴레차
18	피아노	리모컨	첼로	하모니카
19	라면	자장면	쫄면	초밥
20	삼각형	인형	오각형	타원형

21	후추	소금	물엿	설탕
22	케이크	꿀떡	인절미	백설기
23	프라이팬	접시	아령	도마
24	간호사	배우	그림자	회계사
25	역사	작가	약사	화가
26	축구	씨름	심판	배구
27	초등학교	등교	중학교	고등학교
28	줄기	배꼽	엉덩이	허리
29	삼계탕	치킨	닭볶음탕	삼겹살
30	참기름	들기름	식용유	산수유

31	호미	지붕	괭이	삽
32	진돗개	삽살개	무지개	풍산개
33	배달	초승달	반달	보름달
34	해군	육군	단군	공군
35	설악산	유산	한라산	지리산
36	체조	염색	파마	이발
37	불교	기독교	천주교	학교
38	강원도	충청도	경상도	울릉도
39	삼일절	동지	한글날	개천절
40	H형	B형	AB형	A형

41	한강	건강	낙동강	소양강
42	회장	도장	부장	사장
43	깊다	춥다	덥다	흐리다
44	맵다	시다	웃다	짜다
45	월	화	목	요
46	금	눈	은	동
47	적금	예금	복습	대출
48	화성	개성	토성	목성
49	산소	질소	미소	수소

유형 3 분류하기

문제를 읽고 해당하는 단어를 〈보기〉에서 모두 찾아보세요.

1

보기

등산	씨름	자동차	그물
등대	트럭	숲	태권도
방파제	봉우리	온돌	항구
자전거	한복	나무	기차

- 바다와 관련된 것:
- 산과 관련된 것:
- 바퀴가 있는 것:
- 우리나라 것:

2

보기

프리지아	삼계탕	망고	참외
민들레	말	소	해바라기
캥거루	비빔밥	고양이	바나나
레몬	잡채	개나리	불고기

- 한식:
- 노란색 꽃:
- 노란색 과일:
- 꼬리가 있는 것:

보기

3

감	해마	사과	태풍
홍수	복숭아	상어	보청기
이어폰	우박	고래	번개
귤	귀마개	해파리	귀걸이

- 나무에서 열리는 것:
- 바다에 사는 것:
- 귀와 관련된 것:
- 기상현상과 관련된 것:

보기

4

물감	장구	축구	가야금
변기	핸드볼	배구	아쟁
도화지	욕조	단소	연필
붓	휴지통	탁구	세면대

- 국악기(우리나라 전통 악기):
- 공을 가지고 하는 것:
- 화장실에 있는 것:
- 미술용품:

5

보기

어흥	호랑이	까치	떡국
코스모스	기린	꽥꽥	한복
얼룩말	단풍	표범	삐약삐약
세배	꿀꿀	낙엽	추수

- 무늬가 있는 것:
- 가을과 관련된 것:
- 설날과 관련된 것:
- 동물 소리를 나타내는 말:

6

보기

콧물	꿀	지문	설탕
초콜릿	발톱	열	신발
장갑	발꿈치	사탕	기침
반지	두통	양말	손톱

- 감기의 증상:
- 손과 관련된 것:
- 발과 관련된 것:
- 단 맛이 나는 것:

보기

7

사과	깍두기	상추	시금치
자라	자두	동치미	앵두
배추김치	미나리	소라게	체리
갓김치	거북이	달팽이	쑥

- 초록색 야채:
- 빨간색 과일:
- 김치 종류:
- 등껍질이 있는 것:

보기

8

참새	돼지	텐트	운전대
전조등	버너	바퀴	독수리
손전등	사자	갈매기	비행기
침낭	코끼리	당나귀	트렁크

- 캠핑용품:
- 자동차와 관련된 것:
- 다리가 네 개인 것:
- 날 수 있는 것:

보기

9

슬픔	찰칵	허벅지	시각
화남	청각	쿵쿵	즐거움
꿀꺽	미각	엉덩이	쨍그랑
어깨	기쁨	후각	허리

- 감정을 나타내는 말:
- 감각:
- 소리를 나타내는 말:
- 신체부위:

보기

10

신부	비누	가위	칫솔
청첩장	목도리	샴푸	풀
귀마개	장갑	신랑	면도기
지우개	볼펜	부케	털모자

- 겨울용품:
- 사무용품:
- 세면도구:
- 결혼식 관련된 것:

범주어 [정답]

유형 1 해당하지 않는 것 고르기 pp. 159~164

1 파리
2 오이
3 멜론
4 옷장
5 냉장고
6 거울
7 너구리
8 풍경화
9 주차
10 물
11 국자
12 후추
13 싱크대
14 소설가
15 장갑
16 선수
17 땅
18 동물
19 부동산
20 교양
21 자장가
22 볼펜
23 악어
24 배추
25 목욕탕
26 허리
27 팔꿈치
28 숯
29 펭귄
30 택시
31 티셔츠
32 고드름
33 우유
34 연말
35 목도리
36 달걀
37 가지
38 서울
39 조끼
40 해운대
41 전주
42 영문학과
43 기관지
44 63빌딩
45 사계절
46 미국
47 한라봉
48 병따개

유형 2 다른 하나 찾아 고치기 pp. 165~170

1 폭설
2 땅콩
3 국화
4 사랑
5 옷장
6 곰
7 소나무
8 까치
9 냄새
10 멜빵
11 다리
12 열무
13 보리
14 에어컨
15 소파
16 자석
17 승용차
18 리모컨
19 초밥
20 인형
21 물엿
22 케이크
23 아령
24 그림자
25 역사
26 심판
27 등교
28 줄기
29 삼겹살
30 산수유
31 지붕
32 무지개
33 배달
34 단군
35 유산
36 체조
37 학교
38 울릉도
39 동지
40 H형
41 건강
42 도장
43 깊다
44 웃다
45 요
46 눈
47 복습
48 개성
49 미소

유형 3 분류하기

pp. 171~175

1
- 바다와 관련된 것: 그물, 등대, 방파제, 항구
- 산과 관련된 것: 등산, 숲, 봉우리, 나무
- 바퀴가 있는 것: 자동차, 트럭, 자전거, 기차
- 우리나라 것: 씨름, 태권도, 온돌, 한복

2
- 한식: 삼계탕, 비빔밥, 잡채, 불고기
- 노란색 꽃: 프리지아, 민들레, 해바라기, 개나리
- 노란색 과일: 망고, 참외, 바나나, 레몬
- 꼬리가 있는 것: 말, 소, 캥거루, 고양이

3
- 나무에서 열리는 것: 감, 사과, 복숭아, 귤
- 바다에 사는 것: 해마, 상어, 고래, 해파리
- 귀와 관련된 것: 보청기, 이어폰, 귀마개, 귀걸이
- 기상현상과 관련된 것: 태풍, 홍수, 우박, 번개

4
- 국악기(우리나라 전통 악기): 장구, 가야금, 아쟁, 단소
- 공을 가지고 하는 것: 축구, 핸드볼, 배구, 탁구
- 화장실에 있는 것: 변기, 욕조, 휴지통, 세면대
- 미술용품: 물감, 도화지, 연필, 붓

5
- 무늬가 있는 것: 호랑이, 기린, 얼룩말, 표범
- 가을과 관련된 것: 코스모스, 단풍, 낙엽, 추수
- 설날과 관련된 것: 까치, 떡국, 한복, 세배
- 동물 소리를 나타내는 말: 어흥, 꽥꽥, 삐약삐약, 꿀꿀

6
- 감기의 증상: 콧물, 열, 기침, 두통
- 손과 관련된 것: 지문, 장갑, 반지, 손톱

◆ 발과 관련된 것: 발톱, 신발, 발꿈치, 양말

◆ 단 맛이 나는 것: 꿀, 설탕, 초콜릿, 사탕

7 ◆ 초록색 야채: 상추, 시금치, 미나리, 쑥

◆ 빨간색 과일: 사과, 자두, 앵두, 체리

◆ 김치 종류: 깍두기, 동치미, 배추김치, 갓김치

◆ 등껍질이 있는 것: 자라, 소라게, 거북이, 달팽이

8 ◆ 캠핑용품: 텐트, 버너, 손전등, 침낭

◆ 자동차와 관련된 것: 운전대, 전조등, 바퀴, 트렁크

◆ 다리가 네 개인 것: 돼지, 사자, 코끼리, 당나귀

◆ 날 수 있는 것: 참새, 독수리, 갈매기, 비행기

9 ◆ 감정을 나타내는 말: 슬픔, 화남, 즐거움, 기쁨

◆ 감각: 시각, 청각, 미각, 후각

◆ 소리를 나타내는 말: 찰칵, 쿵쿵, 꿀꺽, 쨍그랑

◆ 신체부위: 허벅지, 엉덩이, 어깨, 허리

10 ◆ 겨울용품: 목도리, 귀마개, 장갑, 털모자

◆ 사무용품: 가위, 풀, 지우개, 볼펜

◆ 세면도구: 비누, 칫솔, 샴푸, 면도기

◆ 결혼식 관련된 것: 신부, 청첩장, 신랑, 부케

7. 연상단어 찾기

제시된 단어 세 가지를 보고 연상되는(떠오르는) 단어를 알맞게 연결해 보세요.

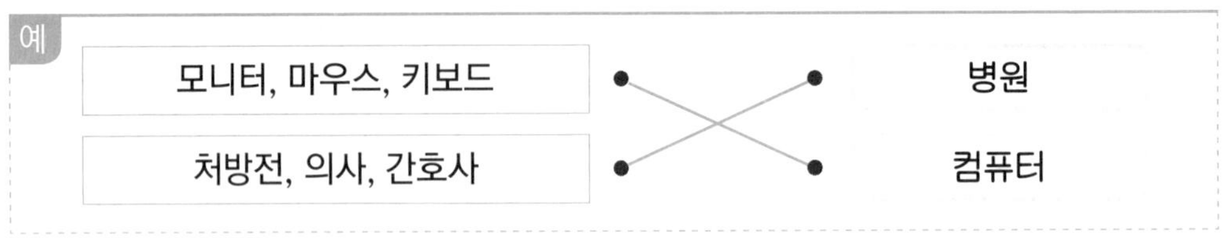

보호자 TIP

보호자는 대상자에게 다음과 같은 도움을 줄 수 있어요.

1. 제시된 단어 세 가지를 기억하여 다시 말하는 활동을 할 수 있어요.
2. 대상자와 보호자가 역할을 바꿔서 활용해 보세요. 대상자가 힌트 세 가지를 생각하여 제시하고 보호자가 정답을 맞혀 보세요.

1

노란색, 길쭉한 모양, 과일	개나리
동물, 꿀꿀, 저금통	돼지
꽃, 노란색, 봄	무지개
빨간불, 노란불, 초록불	바나나
노란색, 삐약삐약, 닭	신호등
비, 하늘, 일곱 빛깔	병아리

2

동물, 뒤뚱뒤뚱, 꽥꽥	에어컨
겨울, 손, 한 쌍	청소기
청소, 먼지, 가전제품	오리
바람, 여름, 가전제품	소방서
여름, 가려움, 벌레	장갑
빨간색, 불, 119	모기

3

병원, 청진기, 흰 가운	가수
줄무늬, 과일, 여름	문어
직업, 무대, 노래	의사
먹물, 바다, 다리 8개	야구
바다, 교통수단, 선장	수박
공, 방망이, 홈런	배

4

공, 골대, 11명	장미
세배, 떡국, 명절	케이크
생일, 빵, 촛불	축구
흰 건반, 검은 건반, 악기	화장실
세면대, 변기, 욕조	설날
가시, 꽃, 빨간색	피아노

5

직업, 학교, 수업	• •	제주도
명절, 성묘, 송편	• •	선생님
직업, 붓, 물감	• •	조개
귤, 섬, 돌하르방	• •	추석
갯벌, 바다, 진주	• •	자전거
카페인, 원두, 음료	• •	화가
이동 수단, 페달, 바퀴	• •	커피

6

숫자, 바늘, 째깍째깍	• •	체중계
음계, 오선지, 음악	• •	여름
모기, 수박, 무더위	• •	휴지
얼음, 팥, 연유	• •	시계
몸무게, 저울, 숫자	• •	지도
위치, 도로, 건물	• •	악보
화장실, 두루마리, 흰 색	• •	팥빙수

연상단어 찾기 [정답]

1
- 노란색, 길쭉한 모양, 과일–바나나
- 동물, 꿀꿀, 저금통–돼지
- 꽃, 노란색, 봄–개나리
- 빨간불, 노란불, 초록불–신호등
- 노란색, 삐약삐약, 닭–병아리
- 비, 하늘, 일곱 빛깔–무지개

2
- 동물, 뒤뚱뒤뚱, 꽥꽥–오리
- 겨울, 손, 한 쌍–장갑
- 청소, 먼지, 가전제품–청소기
- 바람, 여름, 가전제품–에어컨
- 여름, 가려움, 벌레–모기
- 빨간색, 불, 119–소방서

3
- 병원, 청진기, 흰 가운–의사
- 줄무늬, 과일, 여름–수박
- 직업, 무대, 노래–가수
- 먹물, 바다, 다리 8개–문어
- 바다, 교통수단, 선장–배
- 공, 방망이, 홈런–야구

4
- 공, 골대, 11명–축구
- 세배, 떡국, 명절–설날
- 생일, 빵, 촛불–케이크
- 흰 건반, 검은 건반, 악기–피아노
- 세면대, 변기, 욕조–화장실
- 가시, 꽃, 빨간색–장미

5
- 직업, 학교, 수업–선생님
- 명절, 성묘, 송편–추석
- 직업, 붓, 물감–화가
- 귤, 섬, 돌하르방–제주도
- 갯벌, 바다, 진주–조개
- 카페인, 원두, 음료–커피
- 이동 수단, 페달, 바퀴–자전거

6
- 숫자, 바늘, 째깍째깍–시계
- 음계, 오선지, 음악–악보
- 모기, 수박, 무더위–여름
- 얼음, 팥, 연유–팥빙수
- 몸무게, 저울, 숫자–체중계
- 위치, 도로, 건물–지도
- 화장실, 두루마리, 흰 색–휴지

8. 표지판 및 상징 이해

표지판(또는 상징)을 보고 〈보기〉에서 의미를 찾아 넣으세요.

보호자 TIP

보호자는 대상자에게 다음과 같은 도움을 줄 수 있어요.

1. 정답을 맞히지 못한다면, 해당 표지판(또는 상징)을 어디에서 볼 수 있는지 알려 주세요.

   예 어린이 보호

   보호자: 이 표지판은 초등학교 주변에서 흔히 볼 수 있어요.

2. 정답을 맞히지 못한다면, 의미를 풀어서 설명해 주세요.

   예 보호자: 어른이 아이의 손을 잡고 보호하고 있어요.

3. 일상에서 볼 수 있는 다양한 기호로 활동해 보세요.

1 금연 화장실 엘리베이터 에스컬레이터 장애인

보기

2 파손 주의 비상구 주차장 휴지통 음수대

3 재활용 지하철 공사 중 노약자 미끄럼 주의

4 접근금지 와이파이(WiFi) 녹화 중(CCTV) 목줄 착용 자전거 도로

5 버스 정류장 식음료 금지 촬영 금지 횡단보도 기대지 마세요

6 손대지 마세요 기저귀 야생 동물 주의 통화 금지 계단 조심

표지판 및 상징 이해 [정답]

①

화장실		에스컬레이터
장애인	금연	엘리베이터

②

음수대		비상구
휴지통	파손 주의	주차장

③

공사 중		재활용
노약자	지하철	미끄럼 주의

④

접근금지		목줄 착용
자전거 도로	녹화 중(CCTV)	와이파이(WiFi)

⑤

횡단보도		식음료 금지
기대지 마세요	버스 정류장	촬영 금지

⑥

기저귀		계단 조심
통화 금지	손대지 마세요	야생 동물 주의

제2장

구문 및 문장 이해

1. 구문 및 문장 완성하기
2. 비교문 읽고 고르기
3. 짝이 되는 문장 연결하기
4. 상황에 따른 감정 · 상태 이해하기
5. 어색한 부분 찾기 및 고치기
6. 순서 나열하기
7. 동음이의어

1. 구문 및 문장 완성하기

빈칸에 들어갈 알맞은 단어를 고르세요.

예

________을 읽다.	(책)	볼펜	컵
글씨를 ________	싸다	(쓰다)	치우다
사과가 ________	멀다	슬프다	(빨갛다)

보호자 TIP

보호자는 대상자에게 다음과 같은 도움을 줄 수 있어요.

1. 정답을 맞히지 못한다면, 제시된 <보기>를 모두 넣어 들려주세요.

   예 ________을 읽다. 책 볼펜 컵

   보호자: 책을 읽다. 볼펜을 읽다. 컵을 읽다.
   셋 중 어떤 것이 옳은가요?

2. 정답을 맞히지 못한다면, 제시된 <보기> 중 하나를 지워서 난이도를 낮춰 보세요.

   예 ________을 읽다. 책 볼펜 ~~컵~~

3. 정답을 고른 후 빈칸에 써 보는 활동을 할 수 있어요. 그리고 정답을 넣어 소리 내어 읽어 보세요.

4. 제시된 보기를 모두 가리고 대상자가 스스로 빈칸에 들어갈 알맞은 단어를 넣어 문장을 완성하도록 지도해 보세요.

명사

1 ________ 을 먹다.

밥	숟가락	컵

2 ________ 을 마시다.

문	물	공

3 ________ 를 하다.

세수	과자	모자

4 ________ 을 신다.

수건	옷	양말

5 ________ 를 입다.

휴지	바지	커피

6 ________ 를 닦다.

감기	해	이

⑦ ________ 을 자다.

잠	돌	커튼

⑧ ________ 을 씻다.

껌	불	발

⑨ ________ 을 보다.

텔레비전	음악	목욕

⑩ ________ 를 감다.

박수	머리	모래

⑪ ________ 에 앉다.

의자	천장	여름

⑫ ________ 를 부르다.

편지	노래	접시

⑬ _______________ 에 가다.

주먹	수건	병원

⑭ _______________ 을 읽다.

별	책	쌀

⑮ _______________ 를 타다.

봉투	택시	비누

⑯ _______________ 에 눕다.

탁구	침대	하늘

⑰ _______________ 을 벗다.

옷장	미용실	신발

⑱ _______________ 를 자르다.

종이	우유	냄새

19 __________ 을 깎다.

장갑	수염	달

20 __________ 을 찍다.

생일	아침	사진

21 __________ 을 걷다.

길	살	일

22 __________ 를 굽다.

가위	카드	고기

23 __________ 을 메다.

젓가락	가방	운동

24 __________ 을 열다.

주걱	뚜껑	눈물

25 ______________ 이 녹다.

얼음	창문	구름

26 ______________ 을 싣다.

땅	춤	짐

27 ______________ 을 삼키다.

알약	휴대폰	약국

28 더워서 ______________ 을 켰다.

에어컨	촛불	수영

29 손가락에 ______________ 를 끼우다.

파도	파리	반지

30 바지가 커서 ______________ 를 했다.

허리띠	마스크	반창고

31 화단에 ______________ 을 가꾸다.

얼굴	생선	꽃

32 ______________ 가 짹짹 운다.

참새	고사리	부엉이

33 벽에 ______________ 를 걸었다.

도배	액자	설치

34 ______________ 에 국을 끓이다.

장바구니	냄비	찻잔

35 화분에 ______________ 을 심었다.

씨앗	빛	건물

36 자동차가 ______________ 를 쌩쌩 달린다.

경치	도로	열차

37 바다에 ________ 가 날아다닌다.

코끼리	방망이	갈매기

38 ________ 에서 운동을 했다.

종아리	주머니	운동장

39 영화관의 ________ 이 꽉 찼다.

좌석	가격	저금

40 매일 ________ 를 챙겨 먹는다.

향수	주사	영양제

41 눈이 부셔서 ________ 를 썼다.

선글라스	스트레스	컴퓨터

42 ________ 로 몸무게를 재다.

줄넘기	체중계	체온계

43 __________ 는 껍질이 노란 과일이다

옥수수	바나나	체리

44 아이들이 벽에 __________ 를 했다.

낙서	취소	조카

45 물건을 사고 __________ 을 받다.

졸업장	몸살	영수증

46 우리 집에 __________ 이 왔다.

손목	손님	색깔

47 대보름에는 __________ 을 먹는다.

땅콩	회식	보름달

48 __________ 은 우리나라 전통 의상이다.

한복	양복	절

49 졸려서 ______________ 이 나온다.

턱	함성	하품

50 ______________ 는 연체동물이다.

다람쥐	고래	오징어

51 날씨가 좋아서 ______________ 을 했다.

싸움	산책	희망

52 밖에서 시끄러운 ______________ 가 난다.

향기	연기	소리

53 비가 온 뒤 ______________ 가 떴다.

악수	온도	무지개

54 ______________ 은 매우 위험하다.

봉사활동	요금	무단 횡단

55 장마철에는 ________________ 를 대비해야 한다.

홍수	준비	홍차

56 꾸준한 운동은 ________________ 에 좋다.

소원	건강	스포츠

57 ________________ 가 고장나서 바닥이 차다.

보일러	보자기	엉덩이

58 머리가 아파서 ________________ 를 먹었다.

진통제	소화제	엇그제

59 자동차에 타면 ________________ 를 해야 한다.

안전벨트	아스팔트	주머니

60 ________________ 가 고장나서 계단으로 갔다.

아르바이트	다이어트	엘리베이터

61 ________________로 갔더니 10분 더 빨리 도착했다.

지름길	나머지	과거

62 ________________까지 한 시간이 남았다.

오렌지	목적지	어젯밤

63 나는 일찍 일어나는 ________________이 있다.

습관	훈련	소감

64 계좌에 ________________이 부족하여 결제를 못했다.

체력	소음	잔액

65 딸이 내 ________________을 들어주어 고맙다.

부탁	부엌	세탁

66 지금 하는 일이 ________________에 잘 맞는다.

허리	적성	불이익

67 나의 ______________ 은 부지런하다는 것이다.

품질	장점	속셈

68 올해는 작년보다 ______________ 가 많이 올랐다.

휴가	화가	물가

69 약의 ______________ 으로 변비가 생겼다.

가격	부작용	혜택

70 이 건물은 ______________ 없이 들어갈 수 없다.

귀가	허가	웃음

동사

1 밥을 ______________.

뛰다	먹다	찢다

2 주소를 ______________.

마시다	듣다	접다

3 신발을 ____________.

읽다	닫다	신다

4 티셔츠를 ____________.

섞다	입다	뱉다

5 손을 ____________.

씻다	깨다	던지다

6 잠을 ____________.

닦다	받다	자다

7 노래를 ____________.

부르다	빗다	불다

8 소파에 ____________.

주다	열다	앉다

9 지하철을 ______________.

타다	담다	줍다

10 영화를 ______________.

걸다	보다	차다

11 손톱을 ______________.

심다	걷다	자르다

12 장갑을 ______________.

볶다	벗다	감다

13 은행에 ______________.

맞다	붙다	가다

14 창문을 ______________.

섞다	열다	모으다

⑮ 택시를 ______________.

업다	접다	타다

⑯ 글씨를 ______________.

쓰다	굽다	닫다

⑰ 머리를 ______________.

빗다	뱉다	벌다

⑱ 전화를 ______________.

붓다	신다	받다

⑲ 공을 ______________.

그치다	차다	추다

⑳ 로션을 ______________.

바르다	나가다	가꾸다

21 풍선을 ____________.

깎다	불다	듣다

22 냄새를 ____________.

맡다	걸다	다치다

23 옷을 ____________.

더하다	다리다	기르다

24 바닥을 ____________.

쫓다	쓸다	썰다

25 꽃이 ____________.

피다	가다	파다

26 새가 ____________.

날다	주다	빼다

27 물이 ____________.

굵다	추다	끓다

28 주먹을 ____________.

줍다	쥐다	주다

29 넥타이를 ____________.

묻다	볶다	매다

30 심부름을 ____________.

옮기다	시키다	흐르다

31 빨래를 ____________.

널다	눕다	놀다

32 리본을 ____________.

굽다	묶다	견디다

33 횡단보도를 ____________.

건너다	걸치다	뒤집다

34 도장을 ____________.

찢다	찍다	씹다

35 김치를 ____________.

당기다	담그다	고치다

36 붕대를 ____________.

외우다	감다	돕다

37 소나기가 ____________.

누르다	나누다	내리다

38 시냇물이 ____________.

번지다	구르다	흐르다

39 숫자를 ____________.

세다	밀다	펴다

40 차표를 ____________.

움직이다	관광하다	예매하다

41 책상 위에 책을 ____________.

다치다	놓다	듣다

42 강아지가 꼬리를 ____________.

흔들다	풀다	원하다

43 비를 맞아서 옷이 ____________.

젖다	숨다	씻다

44 사과가 빨갛게 ____________.

입다	읽다	익다

45 말이 초원을 ____________.

마시다	달리다	멈추다

46 기름에 통닭을 ____________.

튀기다	씹다	맞추다

47 제빵사가 케이크를 ____________.

키우다	오리다	만들다

48 그릇에 반찬을 ____________.

담다	털다	남다

49 날씨가 더워서 음식이 ____________.

싸우다	얼다	상하다

50 공이 언덕 아래로 ____________.

긋다	구르다	녹다

51 계단을 내려오다 발목을 ________.

뛰다	사다	삐다

52 영수증을 ________ 버렸다.

찢어서	닫아서	꿰매서

53 가을에 낙엽이 ________.

일어나다	떨어지다	가르치다

54 꽃이 ________ 물을 주었다.

시들어서	깨져서	놀라서

55 건강검진 때문에 하루 종일 ________.

옮다	덮다	굶다

56 잔돈을 모아 지폐로 ________.

미루다	마르다	바꾸다

57 옷에 냄새가 ________.

짓다	담그다	배다

58 홍수로 ________ 담장을 보수했다.

무너진	가르친	시킨

59 갓 ________ 빵이 따뜻하고 맛있다.

구운	기른	외운

60 지하철 문에 ________ 안 된다.

기대면	조르면	야단치면

61 축구 경기에서 동점으로 ________.

비기다	시들다	지치다

62 달을 보고 소원을 ________.

벌다	빌다	훔치다

63 상처를 ____________.

주문하다	소독하다	준비하다

64 마라톤을 ____________.

완주하다	주무르다	해결하다

65 음식을 골고루 ____________.

연습하다	섭취하다	흩어지다

66 이 목걸이는 내가 가장 ____________ 물건이다.

아끼는	바뀌는	버리는

67 머리카락이 ____________ 빗으로 빗었다.

엉켜서	들켜서	받아서

68 임산부에게 자리를 ____________.

성공하다	비교하다	양보하다

69 아침에 ____________ 핸드폰을 챙기지 못 했다.

깜빡하고	마주보고	기억하고

70 화살을 ____________ 과녁에 맞췄다.

구겨서	쏴서	말려서

형용사

1 코끼리는 ____________.

짧다	크다	좁다

2 생쥐는 ____________.

굵다	늦다	작다

3 소금은 ____________.

짜다	약하다	낮다

4 설탕은 ______________.

가렵다	고소하다	달다

5 밤은 ______________.

어둡다	나쁘다	따갑다

6 낮은 ______________.

맛있다	밝다	많다

7 깃털은 ______________.

가볍다	빠르다	세다

8 바위는 ______________.

같다	싸다	무겁다

9 불은 ______________.

쉽다	시원하다	뜨겁다

⑩ 얼음은 --------------------.

포근하다	차갑다	착하다

⑪ 산이 --------------------.

느리다	쓰다	높다

⑫ 바다는 --------------------.

깊다	심하다	낡다

⑬ 겨울은 --------------------.

시끄럽다	춥다	똑똑하다

⑭ 여름은 --------------------.

떫다	까맣다	덥다

⑮ 봄은 --------------------.

따뜻하다	비뚤다	불편하다

⑯ 가을은 ____________________.

쓰다	선선하다	더럽다

⑰ 마늘은 ____________________.

맵다	사납다	빛나다

⑱ 레몬은 ____________________.

기쁘다	빨갛다	시다

⑲ 하늘이 ____________________.

파랗다	모자라다	편하다

⑳ 도서관은 ____________________.

급하다	조용하다	얇다

㉑ 시장은 ____________________.

시끄럽다	어리다	슬프다

22 공항은 ____________________.

힘들다	넓다	질기다

23 목이 ____________________.

적다	멀다	마르다

24 바늘이 ____________________.

단순하다	뾰족하다	안락하다

25 칼이 ____________________.

날카롭다	꼼꼼하다	쓸쓸하다

26 야채가 ____________________.

한가하다	외롭다	신선하다

27 머리가 ____________________.

싱겁다	어지럽다	질기다

28 집에서 공원까지 ____________________.

가깝다	분명하다	얌전하다

29 서울에서 부산까지 ____________________.

강하다	멀다	가늘다

30 비 오기 전에 하늘이 ____________________.

뚱뚱하다	창피하다	흐리다

31 식당 종업원이 ____________________.

시들다	친절하다	생생하다

32 굳은살 때문에 손이 ____________________.

환하다	거칠다	느끼하다

33 버스에 사람이 많아서 ____________________.

답답하다	두껍다	드물다

34 곰팡이 냄새가 ____________.

게으르다	지독하다	다정하다

35 청소를 안 했더니 집이 ____________.

지저분하다	단순하다	비싸다

36 단풍이 들어 산이 ____________.

미지근하다	비겁하다	알록달록하다

37 연말에는 여러 모임들로 ____________.

바쁘다	딱딱하다	다르다

38 사막은 덥고 ____________.

건조하다	급하다	정확하다

39 길이 얼어서 ____________.

피곤하다	미끄럽다	난폭하다

40 고향을 생각하니 __________.

비슷하다	뛰어나다	그립다

41 남편이 내 편을 들어주어 __________.

든든하다	쌀쌀맞다	깔끔하다

42 공기 중에 먼지가 많아 __________.

까칠하다	훌륭하다	뿌옇다

43 환기를 시켰더니 집이 __________.

쾌적하다	싱싱하다	지루하다

44 방긋방긋 웃는 아이가 __________.

위험하다	사랑스럽다	곤란하다

45 꽃가루 때문에 코가 __________.

부드럽다	귀찮다	간지럽다

46 새로 이사 온 동네는 ________________.

당연하다	당당하다	낯설다

47 경기 종료 5분 전 역전골을 넣어 ________________.

가난하다	짜릿하다	따끔하다

48 지구 온난화 현상이 갈수록 ________________.

화려하다	심각하다	컴컴하다

49 이 책은 ________________ 읽기가 힘들다.

흐뭇해서	얌전해서	두꺼워서

50 하늘에 ________________ 노을이 지다.

만만한	붉은	잔인한

51 ________________ 하늘에 별이 반짝거린다.

험난한	느린	깜깜한

52 공기가 ____________ 상쾌하다.

조그맣고	맑고	괴롭고

53 ____________ 음식을 먹었더니 기분이 좋다.

맛없는	맛있는	상냥한

54 ____________ 이야기를 들었더니 잠이 안 온다.

공평한	무서운	가득한

55 우리나라에는 ____________ 산과 바다가 있다.

고달픈	아름다운	성가신

56 결혼식이 있어 ____________ 옷을 입었다.

허무한	알찬	단정한

57 아이가 어른에게 ____________ 태도로 인사했다.

고소한	공손한	가파른

58 한옥마을은 ____________ 관광 명소이다.

유명한	섭섭한	잠잠한

59 ____________ 낮잠은 건강에 좋다.

적당한	정의로운	민망한

60 대보름이라 하늘에 ____________ 달이 떴다.

네모난	질긴	둥근

61 ____________ 태도로 회의에 참석했다.

짭짤한	진지한	길쭉한

62 ____________ 거짓말에 속았다.

교묘한	연약한	날씬한

63 ____________ 결정은 후회할 확률이 높다.

뭉툭한	성실한	섣부른

64 ______________ 판결에 국민들이 분노했다.

부당한	용감한	바람직한

65 ______________ 목소리에 마음이 편안해졌다.

얄미운	감미로운	두려운

구문 및 문장 완성하기 [정답]

◆ 명사

pp. 192~203

1 밥
2 물
3 세수
4 양말
5 바지
6 이
7 잠
8 발
9 텔레비전
10 머리
11 의자
12 노래
13 병원
14 책
15 택시
16 침대
17 신발
18 종이
19 수염
20 사진
21 길
22 고기
23 가방
24 뚜껑
25 얼음
26 짐
27 알약
28 에어컨
29 반지
30 허리띠
31 꽃
32 참새
33 액자
34 냄비
35 씨앗
36 도로
37 갈매기
38 운동장
39 좌석
40 영양제
41 선글라스
42 체중계
43 바나나
44 낙서
45 영수증
46 손님
47 땅콩
48 한복
49 하품
50 오징어
51 산책
52 소리
53 무지개
54 무단횡단
55 홍수
56 건강
57 보일러

58 진통제
59 안전벨트
60 엘리베이터
61 지름길
62 목적지
63 습관
64 잔액
65 부탁
66 적성
67 장점
68 물가
69 부작용
70 허가

◆ 동사

pp. 203~215

1 먹다
2 마시다
3 신다
4 입다
5 씻다
6 자다
7 부르다
8 앉다
9 타다
10 보다
11 자르다
12 벗다
13 가다
14 열다
15 타다
16 쓰다
17 빗다
18 받다
19 차다
20 바르다
21 불다
22 맡다
23 다리다
24 쓸다
25 피다
26 날다
27 끓다
28 쥐다
29 매다
30 시키다
31 널다
32 묶다
33 건너다
34 찍다
35 담그다
36 감다
37 내리다
38 흐르다
39 세다
40 예매하다
41 놓다
42 흔들다
43 젓다
44 익다
45 달리다
46 튀기다
47 만들다
48 담다
49 상하다
50 구르다
51 삐다

52 찢어서
53 떨어지다
54 시들어서
55 굶다
56 바꾸다
57 배다
58 무너진
59 구운
60 기대면
61 비기다
62 빌다
63 소독하다
64 완주하다
65 섭취하다
66 아끼는
67 엉켜서
68 양보하다
69 깜빡하고
70 쏴서

◆ 형용사

pp. 215~226

1 크다
2 작다
3 짜다
4 달다
5 어둡다
6 밝다
7 가볍다
8 무겁다
9 뜨겁다
10 차갑다
11 높다
12 깊다
13 춥다
14 덥다
15 따뜻하다
16 선선하다
17 맵다
18 시다
19 파랗다
20 조용하다
21 시끄럽다
22 넓다
23 마르다
24 뾰족하다
25 날카롭다
26 신선하다
27 어지럽다
28 가깝다
29 멀다
30 흐리다
31 친절하다
32 거칠다
33 답답하다
34 지독하다
35 지저분하다
36 알록달록하다
37 바쁘다
38 건조하다
39 미끄럽다
40 그립다
41 든든하다
42 뿌옇다
43 쾌적하다
44 사랑스럽다
45 간지럽다

46 낯설다
47 짜릿하다
48 심각하다
49 두꺼워서
50 붉은
51 깜깜한
52 맑고
53 맛있는
54 무서운
55 아름다운
56 단정한
57 공손한
58 유명한
59 적당한
60 둥근
61 진지한
62 교묘한
63 섣부른
64 부당한
65 감미로운

2. 비교문 읽고 고르기

빈칸에 들어갈 알맞은 단어를 고르세요.

보호자 TIP

정답을 맞히지 못한다면, 제시된 〈보기〉 중 그림을 제시할 수 있는 것은 그림을 보여주고 고를 수 있도록 지도해 보세요.

1. 더 긴 것을 고르세요.

지렁이	뱀

2. 더 짧은 것을 고르세요.

다리	팔

3. 더 큰 것을 고르세요.

농구공	탁구공

4. 더 작은 것을 고르세요.

냉장고	다리미

5. 더 느린 것을 고르세요.

기차	자전거

6. 더 빠른 것을 고르세요.

하마	치타

7. 더 짠 것을 고르세요.

소금	설탕

8 더 단 것을 고르세요.

레몬	초콜릿

9 더 매운 것을 고르세요.

고추	오이

10 더 따뜻한 것을 고르세요.

봄	겨울

11 더 뜨거운 곳을 고르세요.

남극	사막

12 더 차가운 것을 고르세요.

얼음	불

13 더 밝은 것을 고르세요.

손전등	가로등

14 더 어두운 것을 고르세요.

밤	아침

15 더 무거운 것을 고르세요.

못	망치

16 더 가벼운 것을 고르세요.

1g	1kg

17 더 나이가 많은 것을 고르세요.

증조할머니	할머니

18 더 나이가 적은 것을 고르세요.

할머니	이모

19 더 단단한 것을 고르세요.

쇠	솜

20 더 말랑말랑한 것을 고르세요.

호두	젤리

21 더 걸쭉한 것을 고르세요.

죽	물

22 더 두꺼운 것을 고르세요.

책	종이

23 더 얇은 것을 고르세요.

수첩	사전

24 더 굵은 것을 고르세요.

나뭇가지	전봇대

25 더 가는 것을 고르세요.

기둥	연필

26 더 안에 있는 것을 고르세요.

씨앗	껍질

27 더 밖에 있는 것을 고르세요.

내복	외투

28 더 밑에 있는 것을 고르세요.

뿌리	이파리

29 더 위에 있는 것을 고르세요.

이마	턱

30 더 비싼 것을 고르세요.

은	금

31 더 싼 것을 고르세요.

공책	컴퓨터

32 더 넓은 것을 고르세요.

놀이터	공항

33 더 좁은 것을 고르세요.

골목길	고속도로

34 더 개수가 많은 것을 고르세요.

콧구멍	손가락

35 더 개수가 적은 것을 고르세요.

귀	발톱

36 더 높은 것을 고르세요.

63빌딩	전봇대

37 더 낮은 것을 고르세요.

꽃	나무

38 더 깊은 것을 고르세요.

바다	계곡

39 더 얕은 것을 고르세요.

호수	웅덩이

40 더 조용한 것을 고르세요.

도심	숲

41 더 시끄러운 것을 고르세요.

폭포	시냇물

42 더 뾰족한 것을 고르세요.

연필	칼

43 더 위험한 곳을 고르세요.

공사장	도서관

44 더 안전한 곳을 고르세요.	절벽	집
45 더 오래된 것을 고르세요.	초가집	아파트
46 더 최신의 것을 고르세요.	자동차	가마
47 더 직급이 높은 것을 고르세요.	부장	회장
48 더 직급이 낮은 것을 고르세요.	교장	교감
49 더 강한 것을 고르세요.	벽돌	스티로폼
50 더 약한 것을 고르세요.	어른	아기
51 더 긍정적인 표현을 고르세요.	행복	불행
52 더 부정적인 표현을 고르세요.	이기심	양보

53 더 둥근 것을 고르세요.

십자가	공

54 더 네모난 것을 고르세요.

구슬	주사위

비교문 읽고 고르기 [정답]

1 뱀
2 팔
3 농구공
4 다리미
5 자전거
6 치타
7 소금
8 초콜릿
9 고추
10 봄
11 사막
12 얼음
13 가로등
14 밤
15 망치
16 1g
17 증조할머니
18 이모
19 쇠
20 젤리
21 죽
22 책
23 수첩
24 전봇대
25 연필
26 씨앗
27 외투
28 뿌리
29 이마
30 금
31 공책
32 공항
33 골목길
34 손가락
35 귀
36 63빌딩
37 꽃
38 바다
39 웅덩이
40 숲
41 폭포
42 칼
43 공사장
44 집
45 초가집
46 자동차
47 회장
48 교감
49 벽돌
50 아기
51 행복
52 이기심
53 공
54 주사위

3. 짝이 되는 문장 연결하기

내용이 자연스럽게 이어지도록 짝을 찾아 문장을 완성하세요.

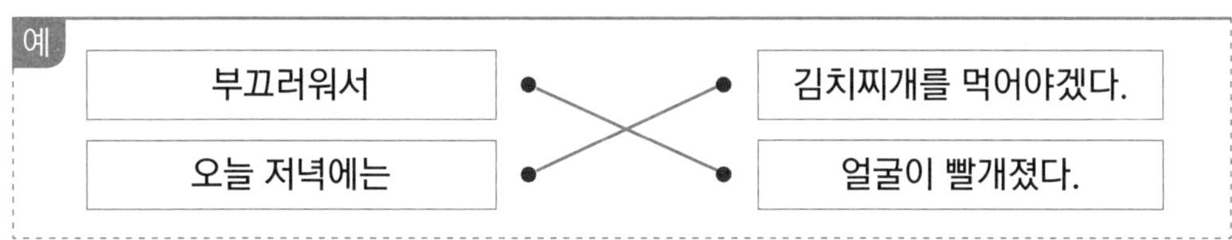

1

불이 났을 때에는	신속하게 대피해야 한다.
머리가 아파서	매연이 줄어들 것이다.
노래를 크게 불렀더니	진통제를 먹었다.
전기차가 많아지면	목소리가 쉬었다.

2

오래된 건물 벽에	모자가 날아갔다.
인공지능이 발전하면서	생활이 편리해졌다.
바람이 세게 불어서	페인트를 새로 칠했다.
여름철 무더위로	집단 식중독이 유행이다.

3

먹구름이 가득한 걸 보니	도로가 뒤죽박죽이다.
신호등이 고장 나서	빨래가 잘 마른다.
오이를 썰다가	병원에 전화를 걸었다.
늦은 시간까지 도서관에	불이 환하게 켜져 있다.
햇볕이 쨍쨍해서	금방이라도 비가 올 것 같다.
건강검진 결과가 궁금해서	칼에 손을 베였다.

4

꽃이 시들지 않도록	보리차를 끓여 먹는다.
계속되는 한파에	화분에 물을 주었다.
사이즈를 잘못 주문해서	대중교통에 사람이 많다.
유통기한이 한참 지나서	음식이 상했다.
우리 집은 생수 대신	옷이 너무 작다.
출퇴근 시간에는	한강이 얼었다.

5

10분만 더 걸어가면	책이 다 젖었다.
정신없이 일하다 보니	10% 인상되었다.
환경을 보호하기 위해	플라스틱 사용량을 줄였다.
높은 선반에서 그릇을 꺼내려고	주민들이 대피했다.
여름이 가고 가을이 되어	공원이 나온다.
산사태로 인해	의자를 가져왔다.
물을 엎질러서	자정이 훨씬 넘었다.
대중교통 요금이	단풍이 들었다.

6

환기를 시키기 위해	가까운 주유소에 갔다.
마트에 장을 보러 가려고	소화가 잘 안 된다.
어버이날을 맞이하여	안전거리를 유지해야 한다.
나는 깍두기보다	창문을 열었다.
사용하지 않는 전자제품은	배추김치를 좋아한다.
빗길에서 운전할 때는	카네이션과 선물을 준비했다.
자동차에 기름을 넣으러	플러그를 빼 놓는 것이 좋다.
밥을 급하게 먹었더니	장바구니를 챙겼다.

7

물건을 교환하려면	•	•	집 앞 분식점에 갔다.
글씨가 흐릿하게 보여서	•	•	마스크를 써야 한다.
뜨거운 냄비를 잡기 전에	•	•	크리스마스다.
미세먼지가 심한 날에는	•	•	매표소에 갔다.
휴대폰을 바닥에 떨어뜨려서	•	•	장갑을 끼는 것이 좋다.
겨울철 간식으로는	•	•	담배를 피면 안 된다.
12월 25일은	•	•	화면이 깨졌다.
떡볶이와 김밥을 먹으러	•	•	영수증을 챙겨야 한다.
금연구역에서는	•	•	돋보기를 맞추었다.
미술관 입장권을 사기 위해	•	•	호빵과 붕어빵이 있다.

8

어제 밤에 춥게 잤더니	•	•	가습기를 틀면 도움이 된다.
휴대폰을 보고 걷다가	•	•	계단으로 올라갔다.
새로 산 바지가 너무 길어서	•	•	부침개를 부쳤다.
약속 날짜를 잊지 않으려면	•	•	소금 가격이 크게 올랐다.
방이 건조할 때는	•	•	도로가 통제되었다.
층간 소음 해결 방법으로는	•	•	메모하는 것이 좋다.
큰 규모의 시위가 열려서	•	•	열이 나고 코가 막힌다.
천일염 생산량이 줄면서	•	•	슬리퍼를 신는 것이 있다.
프라이팬에 기름을 두르고	•	•	수선을 맡겼다.
엘리베이터가 점검 중이라	•	•	전봇대에 부딪힐 뻔했다.

9

독도는	시속 30km 이내로 운전해야 한다.
9월 제철 음식으로는	엄지발가락에 구멍이 났다.
저녁으로 돼지갈비를 먹고	헬스장을 찾는 사람들이 많아졌다.
건강에 대한 관심이 늘면서	난방비가 많이 나왔다.
벚꽃 축제가 열려서	뭉친 어깨 근육이 풀렸다.
어린이 보호 구역에서는	손을 베였다.
양말이 해져서	우리나라 땅이다.
안마를 받았더니	후식으로 복숭아를 먹었다.
실수로 접시를 깨서	거리에 사람들이 가득하다.
보일러를 많이 틀었더니	고구마와 감자가 있다.

10

공연이 끝나자	배추를 절였다.
옷이 구겨져서	방석을 깔고 앉았다.
오토바이를 탈 때는	김치찌개를 끓였다.
카드로 계산하려다가	팔과 다리에 근육이 생겼다.
지구 온난화로 인해	전화기가 안 터진다.
김치와 고기를 넣고	빙하가 녹고 있다.
김장을 하기 위해	다림질을 했다.
산 속 깊은 곳에 갔더니	헬멧을 꼭 착용해야 한다.
바닥이 차가워서	관객들이 박수를 쳤다.
열심히 운동을 했더니	현금으로 지불했다.

짝이 되는 문장 연결하기 [정답]

1 ◆ 불이 났을 때에는–신속하게 대피해야 한다.

◆ 머리가 아파서–진통제를 먹었다.

◆ 노래를 크게 불렀더니–목소리가 쉬었다.

◆ 전기차가 많아지면–매연이 줄어들 것이다.

2 ◆ 오래된 건물 벽에–페인트를 새로 칠했다.

◆ 인공지능이 발전하면서–생활이 편리해졌다.

◆ 바람이 세게 불어서–모자가 날아갔다.

◆ 여름철 무더위로–집단 식중독이 유행이다.

3 ◆ 먹구름이 가득한 걸 보니–금방이라도 비가 올 것 같다.

◆ 신호등이 고장 나서–도로가 뒤죽박죽이다.

◆ 오이를 썰다가–칼에 손을 베였다.

◆ 늦은 시간까지 도서관에–불이 환하게 켜져 있다.

◆ 햇볕이 쨍쨍해서–빨래가 잘 마른다.

◆ 건강검진 결과가 궁금해서–병원에 전화를 걸었다.

4 ◆ 꽃이 시들지 않도록–화분에 물을 주었다.

◆ 계속되는 한파에–한강이 얼었다.

◆ 사이즈를 잘못 주문해서–옷이 너무 작다.

◆ 유통기한이 한참 지나서-음식이 상했다.

◆ 우리 집은 생수 대신-보리차를 끓여 먹는다.

◆ 출퇴근 시간에는- 대중교통에 사람이 많다.

5 ◆ 10분만 더 걸어가면-공원이 나온다.

◆ 정신없이 일하다 보니-자정이 훨씬 넘었다.

◆ 환경을 보호하기 위해-플라스틱 사용량을 줄였다.

◆ 높은 선반에서 그릇을 꺼내려고-의자를 가져왔다.

◆ 여름이 가고 가을이 되어-단풍이 들었다.

◆ 산사태로 인해-주민들이 대피했다.

◆ 물을 엎질러서-책이 다 젖었다.

◆ 대중교통 요금이-10% 인상되었다.

6 ◆ 환기를 시키기 위해-창문을 열었다.

◆ 마트에 장을 보러 가려고-장바구니를 챙겼다.

◆ 어버이날을 맞이하여-카네이션과 선물을 준비했다.

◆ 나는 깍두기보다-배추김치를 좋아한다.

◆ 사용하지 않는 전자제품은-플러그를 빼 놓는 것이 좋다.

◆ 빗길에서 운전할 때는-안전거리를 유지해야 한다.

◆ 자동차에 기름을 넣으러-가까운 주유소에 갔다.

◆ 밥을 급하게 먹었더니-소화가 잘 안 된다.

7 ◆ 물건을 교환하려면-영수증을 챙겨야 한다.

◆ 글씨가 흐릿하게 보여서-돋보기를 맞추었다.

◆ 뜨거운 냄비를 잡기 전에–장갑을 끼는 것이 좋다.

◆ 미세먼지가 심한 날에는–마스크를 써야 한다.

◆ 휴대폰을 바닥에 떨어뜨려서–화면이 깨졌다.

◆ 겨울철 간식으로는–호빵과 붕어빵이 있다.

◆ 12월 25일은–크리스마스다.

◆ 떡볶이와 김밥을 먹으러–집 앞 분식점에 갔다.

◆ 금연구역에서는–담배를 피면 안 된다.

◆ 미술관 입장권을 사기 위해–매표소에 갔다.

8 ◆ 어제 밤에 춥게 잤더니–열이 나고 코가 막힌다.

◆ 휴대폰을 보고 걷다가–전봇대에 부딪힐 뻔했다.

◆ 새로 산 바지가 너무 길어서–수선을 맡겼다.

◆ 약속 날짜를 잊지 않으려면–메모하는 것이 좋다.

◆ 방이 건조할 때는–가습기를 틀면 도움이 된다.

◆ 층간 소음 해결 방법으로는–슬리퍼를 신는 것이 있다.

◆ 큰 규모의 시위가 열려서–도로가 통제되었다.

◆ 천일염 생산량이 줄면서–소금 가격이 크게 올랐다.

◆ 프라이팬에 기름을 두르고–부침개를 부쳤다.

◆ 엘리베이터가 점검 중이라–계단으로 올라갔다.

9 ◆ 독도는–우리나라 땅이다.

◆ 9월 제철 음식으로는–고구마와 감자가 있다.

◆ 저녁으로 돼지갈비를 먹고–후식으로 복숭아를 먹었다.

◆ 건강에 대한 관심이 늘면서–헬스장을 찾는 사람들이 많아졌다.

- 벚꽃 축제가 열려서–거리에 사람들이 가득하다.
- 어린이 보호 구역에서는–시속 30km 이내로 운전해야 한다.
- 양말이 해져서–엄지발가락에 구멍이 났다.
- 안마를 받았더니–뭉친 어깨 근육이 풀렸다.
- 실수로 접시를 깨서–손을 베였다.
- 보일러를 많이 틀었더니–난방비가 많이 나왔다.

⑩ ◆ 공연이 끝나자–관객들이 박수를 쳤다.
- 옷이 구겨져서–다림질을 했다.
- 오토바이를 탈 때는–헬멧을 꼭 착용해야 한다.
- 카드로 계산하려다가–현금으로 지불했다.
- 지구 온난화로 인해–빙하가 녹고 있다.
- 김치와 고기를 넣고–김치찌개를 끓였다.
- 김장을 하기 위해–배추를 절였다.
- 산 속 깊은 곳에 갔더니–전화기가 안 터진다.
- 바닥이 차가워서–방석을 깔고 앉았다.
- 열심히 운동을 했더니–팔과 다리에 근육이 생겼다.

4. 상황에 따른 감정 · 상태 이해하기

제시된 문장을 읽고, 상황에 적절한 감정이나 상태를 〈보기〉에서 찾아 넣으세요.

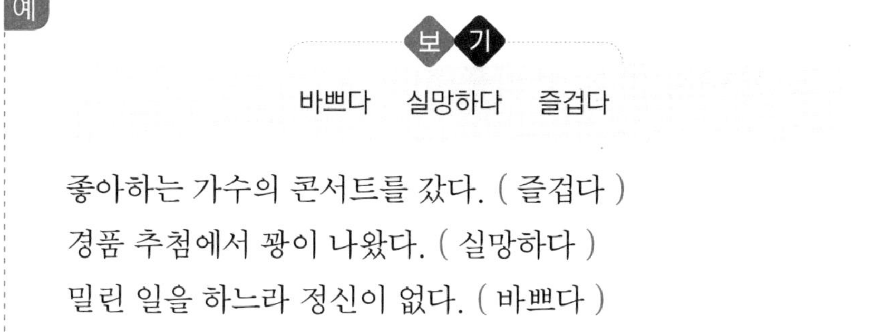

예

보기

바쁘다　실망하다　즐겁다

좋아하는 가수의 콘서트를 갔다. (즐겁다)
경품 추첨에서 꽝이 나왔다. (실망하다)
밀린 일을 하느라 정신이 없다. (바쁘다)

보호자 TIP

정답을 맞히지 못한다면, 해당 문장의 이해를 돕기 위해 상황에 따른 감정과 표정을 담아 들려주세요.

예 좋아하는 가수의 콘서트를 갔다. (즐겁다)
보호자: (밝고 기쁜 목소리로) 좋아하는 가수의 콘서트에 갔다!

예 경품 추첨에서 꽝이 나왔다. (실망하다)
보호자: (시무룩한 표정으로) 에이…… 꽝이 나왔네……

보기

1 억울하다 상쾌하다 신기하다 간절하다 쑥스럽다

1. 손수건을 비둘기로 바꾸는 마술은 정말 (   )
2. 처음 본 사람에게 다가가려니 왠지 (   )
3. 내 잘못이 아닌데 오해를 받아서 (   )
4. 숲속을 거닐며 맑은 공기를 마시니 (   )
5. 시험에 합격하고 싶은 마음이 (   )

보기

2 서운하다 긴장하다 홀가분하다 반갑다 지루하다

1. 외국에 사는 동생을 5년 만에 만나서 (   )
2. 병원 진료를 기다리는 시간이 너무 길고 (   )
3. 아무도 내 편을 들어 주지 않아 (   )
4. 지저분한 창고를 정리하고 나니 (   )
5. 면접 차례가 다가올수록 점점 더 (   )

3

보기

불쾌하다 자랑스럽다 걱정하다 재미있다 한가하다

1. 새로 개봉한 액션영화가 신나고 (   )
2. 식당 점원의 무례한 태도에 (   )
3. 올림픽에서 실력을 뽐낸 우리나라 선수들이 (   )
4. 갑작스러운 폭우에 홍수가 날까봐 (   )
5. 오전에 바빴지만 오후에는 (   )

4

보기

피곤하다 무섭다 실망하다 감동하다 부럽다

1. 가족들이 멋진 생일 파티를 해줘서 (   )
2. 어두운 골목길을 혼자 걸어가니 (   )
3. 멋진 자동차를 산 친구가 정말 (   )
4. 이틀 째 잠을 잘못 자서 몹시 (   )
5. 새로 산 휴대폰이 기대에 못 미쳐서 (   )

보기

5 불안하다 사랑스럽다 기쁘다 미안하다 창피하다

1. 잃어버린 줄 알았던 목걸이를 찾아서 뛸 듯이 (　　　　)
2. 밤이 늦도록 아들이 집에 오지 않아 (　　　　)
3. 실수로 옆 사람의 발을 밟아 (　　　　)
4. 양말을 짝짝이로 신고 나와서 (　　　　)
5. 낮잠 자는 아이가 예쁘고 (　　　　)

보기

6 지겹다 즐겁다 얄밉다 울렁거리다 지치다

1. 같은 말을 반복하는 친구의 얘기가 (　　　　)
2. 점심 먹은 게 체했는지 속이 (　　　　)
3. 가족들과 함께 여행을 가니 (　　　　)
4. 내 간식을 몰래 먹은 동생이 (　　　　)
5. 며칠째 업무량이 많아 몸도 마음도 (　　　　)

7

보기

흥미롭다 만족하다 심심하다 불쌍하다 속상하다

1. 새로 산 옷이 나에게 잘 어울려서 (   )
2. 길가에 버려진 강아지가 (   )
3. 새로 산 시계를 잃어버려서 (   )
4. 새로 시작한 드라마의 내용이 재미있고 (   )
5. 주말에 혼자 집에 있으니 따분하고 (   )

8

보기

놀라다 조급하다 설레다 외롭다 궁금하다

1. 갑자기 오토바이가 쌩하고 지나가서 깜짝 (   )
2. 어릴 때 살던 마을이 어떻게 변했을지 (   )
3. 좋아하는 가수의 콘서트에 갈 생각에 (   )
4. 차가 막혀서 지각할까봐 마음이 (   )
5. 혼자 남겨진 것 같아 쓸쓸하고 (   )

상황에 따른 감정·상태 이해하기 [정답]

❶ 1. 신기하다
2. 쑥스럽다
3. 억울하다
4. 상쾌하다
5. 간절하다

❷ 1. 반갑다
2. 지루하다
3. 서운하다
4. 홀가분하다
5. 긴장하다

❸ 1. 재미있다
2. 불쾌하다
3. 자랑스럽다
4. 걱정하다
5. 한가하다

❹ 1. 감동하다
2. 무섭다
3. 부럽다
4. 피곤하다
5. 실망하다

❺ 1. 기쁘다
2. 불안하다
3. 미안하다
4. 창피하다
5. 사랑스럽다

❻ 1. 지겹다
2. 울렁거리다
3. 즐겁다
4. 얄밉다
5. 지치다

❼ 1. 만족하다
2. 불쌍하다
3. 속상하다
4. 흥미롭다
5. 심심하다

❽ 1. 놀라다
2. 궁금하다
3. 설레다
4. 조급하다
5. 외롭다

5. 어색한 부분 찾기 및 고치기

제시된 문장을 읽고 의미가 어색한 부분을 찾아 적절하게 고치세요.

강아지가 살랑살랑 **손톱을** 흔든다.
→ 강아지가 살랑살랑 **꼬리를** 흔든다.

보호자 TIP

보호자는 대상자에게 다음과 같은 도움을 줄 수 있어요.

1. 정답을 맞히지 못한다면, 틀린 부분을 알려주고 바르게 고치도록 지도해 보세요. 문장에서 틀린 부분을 명확하게 표시해 주세요.
2. 바르게 고친 후 문장을 소리 내어 읽도록 지도해 보세요.

1 배가 고파서 밥을 굶었다.

---

2 눈에서 콧물이 난다.

---

3 방이 너무 추워서 에어컨을 켰다.

---

4 밤을 샜더니 몸이 개운하다.

5 멀미약을 사러 화장실에 갔다.

6 환기를 시키려고 창문을 닫았다.

7 눈이 건조해서 치약을 넣었다.

8 머리를 자르러 세탁소에 갔다.

9 쇼핑하러 헬스장에 갔다.

⑩ 한여름에 새하얀 눈이 내린다.

⑪ '야옹'하는 소리에 돌아보니 닭이 있었다.

⑫ 눈이 잘 보여서 돋보기를 맞췄다.

⑬ 아기가 부엉부엉 울고 있다.

⑭ 햇볕이 쨍쨍 내리쬐니 옷을 따뜻하게 입어야겠다.

⑮ 필기를 하려고 마이크를 들었다.

16 감기에 걸린 친구에게 아이스크림을 사 주었다.

17 멀리 있는 친구를 부르려고 작게 속삭였다.

18 윗집에서 공사하는 소리에 잠을 잘 잤다.

19 동전은 네모나고 지폐는 동그랗다.

20 점심에 하늘을 보니 별이 반짝반짝 빛난다.

21 사람이 많아서 거리가 휑하다.

22 치타는 가장 빨리 달리는 식물이다.

23 소금을 많이 넣었더니 음식이 싱겁다.

24 길을 건널 때는 좌우를 살피면 안 된다.

25 1년은 360일, 일주일은 7일, 하루는 25시간이다.

26 날씨가 추워서 귀에서 김이 난다.

27 아이스크림은 실온에서 보관해야 한다.

28 벌레를 잡으려고 향수를 뿌렸다.

29 명절 귀성차량으로 인해 고속도로가 한산하다.

30 올해는 제주도로 해외여행을 가고 싶다.

31 조카의 다섯 살 생일을 축하하려고 돌잔치를 했다.

32 수능이 끝나서 내년에 고등학교에 입학한다.

33 미세먼지가 심한 날에는 장갑을 껴야 한다.

34 취업난이 심각해서 마음이 편하다.

35 스트레스를 받으니 너무 행복하다.

36 올해는 비가 오지 않아서 풍년이다.

37 그 친구는 무엇이든 못하는 척척박사다.

38 우리는 사이가 나쁜 잉꼬부부다.

39 좌회전을 할 때는 우측 방향지시등을 켜야 한다.

40 꾸준히 운동을 하면 몸이 쇠약해진다.

41 양배추는 비타민과 영양소가 풍부하여 우리 몸에 해롭다.

42 비가 오는 줄 몰랐다면 우산을 챙겼을 것이다.

43 그 사람은 오랫동안 알고 지낸 것처럼 낯설다.

44 여든 살을 기념하여 칠순 잔치를 했다.

45 물이 얼면 소금이 된다.

46 스트레스는 만병의 해결책이다.

47 나는 그 식당을 자주 가지 않는 단골이다.

48 검은색 옷은 색깔이 밝아서 날씬해 보인다.

49 내 친구는 아침에 일찍 일어나는 게으른 사람이다.

50 후회하기 위해 최선을 다할 것이다.

어색한 부분 찾기 및 고치기 [정답]

1. 1) 배가 고파서 밥을 먹었다.
   2) 배가 불러서 밥을 굶었다.
2. 1) 눈에서 눈물이 난다.
   2) 코에서 콧물이 난다.
3. 1) 방이 너무 더워서 에어컨을 켰다.
   2) 방이 너무 추워서 에어컨을 껐다.
   3) 방이 너무 추워서 보일러를 켰다.
4. 1) 밤을 샜더니 몸이 찌뿌둥하다(또는 아프다, 피곤하다 등).
   2) 잠을 잘 잤더니 몸이 개운하다.
5. 1) 멀미약을 사러 약국에 갔다.
   2) 볼일을 보러 화장실에 갔다.
6. 1) 환기를 시키려고 창문을 열었다.
   2) 추워서 창문을 닫았다.
7. 눈이 건조해서 안약을 넣었다.
8. 1) 머리를 자르러 미용실(또는 이발소)에 갔다.
   2) 빨래를 맡기러 세탁소에 갔다.
9. 1) 운동하러 헬스장에 갔다.
   2) 쇼핑하러 백화점에 갔다.
10. 한겨울에 새하얀 눈이 내린다.
11. 1) '야옹'하는 소리에 돌아보니 고양이가 있었다.
    2) '꼬끼오'하는 소리에 돌아보니 닭이 있었다.

⑫ 눈이 잘 안 보여서 돋보기를 맞췄다.

⑬ 1) 아기가 응애응애 울고 있다.

2) 부엉이가 부엉부엉 울고 있다.

⑭ 1) 햇볕이 쨍쨍 내리쬐니 옷을 시원하게 입어야겠다.

2) 바람이 쌩쌩 부니 옷을 따뜻하게 입어야겠다.

⑮ 1) 필기를 하려고 연필(또는 다른 필기구)을 들었다.

2) 노래를 하려고 마이크를 들었다.

⑯ 감기에 걸린 친구에게 약을 사 주었다.

⑰ 멀리 있는 친구를 부르려고 크게 소리쳤다.

⑱ 윗집에서 공사하는 소리에 잠을 못 잤다.

⑲ 동전은 동그랗고 지폐는 네모나다.

⑳ 밤에 하늘을 보니 별이 반짝반짝 빛난다.

㉑ 1) 사람이 많아서 거리가 북적인다.

2) 사람이 없어서 거리가 휑하다.

㉒ 치타는 가장 빨리 달리는 동물이다.

㉓ 소금을 많이 넣었더니 음식이 짜다.

㉔ 길을 건널 때는 좌우를 살펴야 한다.

㉕ 1년은 365일, 일주일은 7일, 하루는 24시간이다.

㉖ 날씨가 추워서 입에서 김이 난다.

㉗ 아이스크림은 냉동 보관해야 한다.

㉘ 벌레를 잡으려고 벌레약을 뿌렸다.

㉙ 명절 귀성차량으로 인해 고속도로가 막힌다(또는 밀린다).

㉚ 1) 올해는 제주도로 국내여행을 가고 싶다.

2) 올해는 미국(또는 다른 나라명)으로 해외여행을 가고 싶다.

31 1) 조카의 한 살 생일을 축하하려고 돌잔치를 했다.

2) 조카의 다섯 살 생일을 축하하려고 생일 파티를 했다.

32 수능이 끝나서 내년에 대학교에 입학한다.

33 미세먼지가 심한 날에는 마스크를 껴야 한다.

34 취업난이 심각해서 마음이 불편하다(또는 심란하다 등).

35 스트레스를 받으니 너무 힘들다(또는 괴롭다, 우울하다 등).

36 올해는 비가 오지 않아서 흉년(또는 가뭄)이다.

37 그 친구는 무엇이든 잘하는 척척박사다.

38 우리는 사이가 좋은 잉꼬부부다.

39 1) 좌회전을 할 때는 좌측 방향지시등을 켜야 한다.

2) 우회전을 할 때는 우측 방향지시등을 켜야 한다.

40 꾸준히 운동을 하면 몸이 건강해진다.

41 양배추는 비타민과 영양소가 풍부하여 우리 몸에 이롭다.

42 비가 오는 줄 알았다면 우산을 챙겼을 것이다.

43 그 사람은 오랫동안 알고 지낸 것처럼 익숙하다(또는 친숙하다, 편안하다 등).

44 1) 여든 살을 기념하여 팔순 잔치를 했다.

2) 일흔 살을 기념하여 칠순 잔치를 했다.

45 물이 얼면 얼음이 된다.

46 스트레스는 만병의 근원이다.

47 나는 그 식당을 자주 가는 단골이다.

48 검은색 옷은 색깔이 어두워서 날씬해 보인다.

49 내 친구는 아침에 일찍 일어나는 부지런한 사람이다.

50 후회하지 않기 위해 최선을 다할 것이다.

6. 순서 나열하기

문장을 읽고 일의 순서에 맞게 번호를 쓰세요.

예

양치하기

(4) 입을 물로 헹군다.
(1) 칫솔에 치약을 짠다.
(3) 입안에 생긴 거품을 뱉는다.
(2) 구석구석 양치질을 한다.

보호자 TIP

보호자는 대상자에게 다음과 같은 도움을 줄 수 있어요.

1. 정답을 맞히지 못한다면, 첫 문장을 알려 주세요.

예 양치하기

보호자: 양치할 때는 먼저 칫솔에 치약을 짜요. 그다음은 무엇을 할까요?

2. 보호자와 대상자가 함께 번갈아가면서 해 보세요.

1 손 씻기

(   ) 손에 물을 묻힌다.
(   ) 헹군다.
(   ) 비누칠을 한다.

2 **청소하기**

( ) 청소기로 청소한다.

( ) 창문을 활짝 연다.

( ) 청소기를 작동시킨다.

3 **커피 타기**

( ) 물을 끓인다.

( ) 컵에 커피믹스를 넣고 물을 붓는다.

( ) 잘 젓는다.

4 **택배 보내기**

( ) 우체국에 간다.

( ) 접수를 하고 배송비를 결제한다.

( ) 보낼 물건을 챙긴다.

5 **운동하기**

( ) 운동을 하기 전 준비 운동을 한다.

( ) 목표와 몸 상태에 맞게 운동을 한다.

( ) 날씨에 맞는 운동복을 입는다.

( ) 마무리 체조를 하여 몸을 풀어준다.

⑥ 옷 환불하기

(　) 환불을 요청한다.

(　) 옷과 영수증을 챙긴다.

(　) 처리가 다 되면 영수증을 확인한다.

(　) 구매한 옷 가게에 간다.

⑦ 운전하기

(　) 타자마자 안전벨트를 한다.

(　) 자동차에 탄다.

(　) 주변을 살피고 운전을 시작한다.

(　) 자동차의 시동을 건다.

⑧ 결혼식 가기

(　) 결혼식을 본 후 식사를 한다.

(　) 늦지 않게 결혼식장에 도착한다.

(　) 시간과 장소를 확인한다.

(　) 축의금을 낸다.

9 설거지하기

( ) 다 먹은 그릇을 싱크대에 넣는다.

( ) 물로 깨끗이 헹군다.

( ) 수세미에 세제를 묻힌다.

( ) 그릇을 수세미로 닦는다.

( ) 건조대에 놓는다.

10 미용실 가기

( ) 머리가 다 되길 기다린다.

( ) 내 차례를 기다린다.

( ) 돈을 낸다.

( ) 미용실에 간다.

( ) 원하는 머리모양을 설명한다.

11 택시 타기

( ) 기사에게 목적지를 말한다.

( ) 소지품을 잘 챙겨서 내린다.

( ) 택시를 잡는다.

( ) 타자마자 안전벨트를 한다.

( ) 목적지에 도착하면 요금을 지불한다.

12 문자 보내기

( ) 문자 버튼을 누른다.

( ) 내용을 작성한다.

( ) 내용을 다시 한 번 확인한다.

( ) 핸드폰을 켠다.

( ) 보내기 버튼을 누른다.

13 ATM(현금자동입출금기)으로 돈 인출하기

( ) 돈이 나오면 액수를 확인한다.

( ) 카드(통장)와 명세표를 받는다.

( ) 출금 버튼을 누르고 카드(통장)를 넣는다.

( ) 줄을 서서 차례를 기다린다.

( ) 원하는 액수와 비밀번호를 입력한다.

14 옷 사기

( ) 카드와 물건을 챙겨서 나온다.

( ) 마음에 드는 옷을 고른다.

( ) 계산을 한다.

( ) 원하는 매장에 들어간다.

( ) 백화점에 간다.

( ) 영수증을 확인한다.

15 배달 음식 주문하기

(　　) 먹고 싶은 음식과 음식점을 고른다.

(　　) 맛있게 먹는다.

(　　) 음식이 도착하면 돈을 낸다.

(　　) 먹고 싶은 메뉴를 주문한다.

(　　) 음식이 도착하기를 기다린다.

(　　) 음식점에 전화한다.

16 휴대폰 수리하기

(　　) 표를 뽑고 기다린다.

(　　) 수리비를 지불한다.

(　　) 문제 증상을 설명한다.

(　　) 휴대폰 수리점에 간다.

(　　) 내 순서가 되면 창구에 간다.

(　　) 다 고쳐질 때까지 기다린다.

⑰ 비행기 타기

( ) 비행기에 탑승한다.

( ) 여권과 짐을 챙겨 집을 나선다.

( ) 비행기 탑승 전에 신체 수색을 한다.

( ) 공항에 도착한다.

( ) 비행기가 이륙한다.

( ) 자리에 앉고 안전벨트를 한다.

⑱ 샤워하기

( ) 적당한 온도로 물을 맞춘다.

( ) 비누칠을 한다.

( ) 수건으로 물기를 닦는다.

( ) 몸에 물을 묻힌다.

( ) 비누 거품을 헹군다.

( ) 옷을 벗는다.

( ) 옷을 입는다.

19 빨래하기

( ) 세제를 넣는다.

( ) 잘 개서 옷장에 넣는다.

( ) 다 마른 빨래를 걷는다.

( ) 빨래를 모아둔다.

( ) 빨래를 종류별로 분류한 후 세탁기에 넣는다.

( ) 세탁기를 작동시킨다.

( ) 다 된 빨래를 건조대에 넌다.

20 영화관에서 영화보기

( ) 영화를 감상한다.

( ) 시간이 되면 상영관에 들어간다.

( ) 영화관에 간다.

( ) 매표소에서 영화표를 산다.

( ) 보고 싶은 영화를 고른다.

( ) 표에 적힌 좌석을 찾아 앉는다.

( ) 소지품을 챙겨서 나간다.

순서 나열하기 [정답]

1. 손 씻기
   1
   3
   2
2. 청소하기
   3
   1
   2
3. 커피 타기
   1
   2
   3
4. 택배 보내기
   2
   3
   1
5. 운동하기
   2
   3
   1
   4
6. 옷 환불하기
   3
   1
   4
   2
7. 운전하기
   2
   1
   4
   3
8. 결혼식 가기
   4
   2
   1
   3
9. 설거지하기
   1
   4
   2
   3
   5
10. 미용실 가기
    4
    2
    5
    1
    3
11. 택시 타기
    3
    5
    1
    2
    4
12. 문자 보내기
    2
    3
    4
    1
    5

⑬ ATM(현금자동입출금기)으로 돈 인출하기

4
5
2
1
3

⑭ 옷 사기

6
3
4
2
1
5

⑮ 배달 음식 주문하기

1
6
5
3
4
2

⑯ 휴대폰 수리하기

2
6
4
1
3
5

⑰ 비행기 타기

4
1
3
2
6
5

⑱ 샤워하기

2
4
6
3
5
1
7

⑲ 빨래하기

3
7
6
1
2
4
5

⑳ 영화관에서 영화보기

6
4
1
3
2
5
7

7. 동음이의어

동음이의어란?

소리는 같은데 다른 뜻을 가진 단어를 말해요.

밑줄 친 단어의 뜻이 나머지 둘과 다른 의미로 쓰인 문장을 고르세요. 정답을 찾은 후, 각각 어떤 의미로 쓰였는지 설명해 보세요.

예

배

① 나는 **배**를 타고 제주도에 갔다.

② 섬으로 가는 **배**가 끊겼다.

③ **배**가 주렁주렁 열렸다.

→ ①, ②에서 사용된 '배'는 교통수단, ③에서 사용된 '배'는 과일이므로 정답은 ③

1 **다리**

① 빙판길에 넘어져 **다리**를 다쳤다.

② 해외에서 **다리**가 붕괴되는 대형사고가 났다.

③ 갑자기 **다리**에 쥐가 나서 잠에서 깼다.

2 **밤**

① 어디선가 맛있는 **밤** 굽는 냄새가 난다.

② **밤**에 잠이 안 와서 노래를 들었다.

③ 정월대보름에 **밤**을 삶아 먹었다.

3 **눈**

① 따사로운 햇살에 **눈**이 부시다.

② 미세먼지 때문에 **눈**이 따갑다.

③ **눈**이 많이 쌓여 도로가 정체되었다.

4 **말**

① 제주도에서 처음으로 **말**을 타봤다.

② 가는 말이 고와야 오는 **말**이 곱다.

③ 내 **말**을 못 알아 들어서 답답하다.

❺ **사과**

① **사과**는 가을이 제철이다.

② 친구와 싸웠는데 내가 먼저 **사과**를 했다.

③ 나무에 **사과**가 주렁주렁 열렸다.

❻ **차**

① 나무 밑에 **차**를 두었더니 새똥을 맞았다.

② 10년 만에 새 **차**로 바꾸었다.

③ **차**가 너무 뜨거워서 혀를 데었다.

❼ **팔**

① **팔**을 쭉 펴고 기지개를 켰다.

② 왼쪽 **팔**에 독감예방주사를 맞았다.

③ 일 층에서 **팔** 층까지 계단으로 올라갔다.

❽ **파**

① 좋은 **파**를 고르려면 줄기가 깨끗한지 봐야 한다.

② 7음계에서 **파**는 네 번째 계이름이다.

③ 라면에 **파**를 송송 썰어 넣었다.

9 성

① 나랑 내 친구는 <u>**성**</u>이 김 씨다.

② 서명란에 <u>**성**</u>과 이름을 또박또박 적었다.

③ 산꼭대기에 높고 웅장한 <u>**성**</u>이 있다.

10 풀

① 종이를 붙여야 하는데 <u>**풀**</u>이 없다.

② 정원에 <u>**풀**</u>과 잡초가 무성하게 자랐다.

③ 코끼리는 하루에 많은 양의 <u>**풀**</u>을 먹는다.

11 굴

① 원시시대 사람들은 <u>**굴**</u>에서 생활하였다.

② <u>**굴**</u>은 9월에서 12월이 제철이다.

③ 박쥐는 어두컴컴한 <u>**굴**</u> 속에 산다.

12 화장

① <u>**화장**</u>이 끝난 후 납골당으로 향했다.

② 머리를 손질하고 곱게 <u>**화장**</u>을 했다.

③ 땀을 많이 흘려 <u>**화장**</u>이 지워졌다.

⑬ **사회**

① 악성 댓글이 **사회** 문제로 대두되고 있다.

② 대기업이 수익을 **사회**에 환원한다고 한다.

③ 친구 결혼식에서 **사회**를 보게 되었다.

⑭ **공기**

① 산 정상에 올라 맑은 **공기**를 마셨다.

② 매연으로 **공기**가 탁해서 창문을 닫았다.

③ 식당에서 김치찌개와 밥 한 **공기**를 시켰다.

⑮ **반**

① 나는 3학년 3**반**이다.

② 밥이 많아서 **반**을 덜어 먹었다.

③ 용돈의 **반**을 저금했다.

⑯ **선전**

① ○○○ 선수는 이번 경기에서 **선전**하며 팀을 승리로 이끌었다.

② 대형마트 할인 행사를 **선전**하는 전단지가 벽에 붙어 있다.

③ 텔레비전에 새로 출시된 청소기 **선전**이 나온다.

17 사기

① 보이스피싱에 **사기**를 당할 뻔했다.

② 가족들이 나의 **사기**를 북돋아 주었다.

③ 억대 **사기** 혐의로 50대 김 모 씨가 구속됐다.

18 소식

① 한동안 **소식**이 뜸하던 친구에게서 연락이 왔다.

② 새로운 치료제가 개발되었다는 **소식**이 연일 화제다.

③ 지나친 **소식**은 폭식을 야기할 수 있다.

19 동기

① 우진이와 나는 대학 **동기**이다.

② 이력서에 지원 **동기**를 적었다.

③ 오랜만에 입사 **동기**들과 회식을 하기로 했다.

20 감

① 나는 **감**이 좋은 편이어서 예측을 잘한다.

② 동의보감에는 **감**의 효능과 부작용에 대해 설명되어 있다.

③ 올해는 가뭄이 져서 **감**의 가격이 예년보다 비싸다.

21 속보

① 대형화재사고가 발생했다는 **속보**가 나오고 있다.

② 뉴스 **속보**로 인해 드라마가 결방됐다.

③ **속보**를 꾸준하게 하면 기초 체력을 증진시킬 수 있다.

22 위

① 커피를 많이 마셨더니 **위**가 쓰리다.

② 안경점은 한 층 **위**에 있다.

③ **위**는 소화를 담당하는 신체기관이다.

23 쓰다

① 약이 **써서** 먹기가 힘들다.

② 또박또박 글씨를 **쓰다**.

③ 이름을 **쓰고** 도장을 찍었다.

24 타다

① 말을 **타고** 초원을 달리다.

② 전주에 가기 위해 기차를 **탔다**.

③ 숯이 다 **타서** 재만 남았다.

25 **깨다**

① 마취에서 **깨니** 어지럽고 멍하다.

② 설거지를 하다가 접시를 **깼다**.

③ 잠에서 **깨서** 밖에 눈이 쌓였는지 확인했다.

26 **싸다**

① 이월상품은 신제품보다 가격이 훨씬 **싸다**.

② 여행을 가기 위해 짐을 **쌌다**.

③ 셔츠를 **싸게** 사서 기분이 좋다.

27 **맞다**

① 오늘 비가 온다는 일기예보가 **맞았다**.

② 딱밤을 **맞아서** 이마에 혹이 났다.

③ 날아오는 공에 얼굴을 **맞았다**.

28 **낫다**

① 주사를 맞고 감기가 **낫다**.

② 머리를 단발로 자르니 훨씬 **낫다**.

③ 가까운 이웃이 먼 친척보다 **낫다**.

29 **지다**

① 가위바위보를 하면 나는 항상 **진다**.

② 겨울에는 해가 빨리 **진다**.

③ 내기에서 **져서** 친구에게 밥을 샀다.

30 **묻다**

① 가까운 약국의 위치를 **묻다**.

② 옷에 빵가루가 **묻다**.

③ 친구에게 늦은 이유에 대해 **묻다**.

31 **치다**

① 밤새 천둥과 번개가 **쳤다**.

② 야구방망이로 공을 세게 **쳤다**.

③ 실수로 옆 사람의 어깨를 **쳤다**.

32 **들다**

① 무거운 상자를 번쩍 **들다**.

② 양손 가득 장바구니를 **들다**.

③ 따스한 햇살이 방안으로 **들다**.

33 세다

① 호랑이보다 사자가 더 **세다**.

② 권투선수가 **세게** 펀치를 날렸다.

③ 모아 두었던 동전을 다 **세어** 보니 2만원이나 된다.

34 재다

① 줄자로 벽면의 길이를 **재다**.

② 요리 프로그램에서 갈비를 맛있게 **재는** 법을 소개했다.

③ 각도를 **재기** 위해서는 삼각자가 필요하다.

35 걷다

① 나는 쓰레기를 버리고 남편은 빨래를 **걷기**로 하였다.

② 친구와 이야기하면서 **걷다** 보니 금세 도착했다.

③ 천천히 **걷고** 싶은데 형이 자꾸 재촉한다.

36 꾸다

① 어젯밤 억만장자가 되는 꿈을 **꾸었다**.

② 학창시절부터 과학자의 꿈을 **꾸며** 공부하였다.

③ 친구에게 **꾼** 돈을 아직 갚지 못했다.

37 따르다

① 컵에 주스를 **따르다**.

② 교통법규를 잘 **따르면** 사건사고가 줄어든다.

③ 뜨거운 물을 **따르고** 녹차를 우렸다.

38 맡다

① 공항에서 경찰견이 가방의 냄새를 **맡고** 금지물품을 찾아냈다.

② 꽃 향기를 **맡으며** 공원을 걸었다.

③ 오늘부터 팀장을 **맡아** 회의를 진행하기로 했다.

동음이의어 [정답]

1 다리 ②
2 밤 ②
3 눈 ③
4 말 ①
5 사과 ②
6 차 ③
7 팔 ③
8 파 ②
9 성 ③
10 풀 ①
11 굴 ②
12 화장 ①
13 사회 ③
14 공기 ③
15 반 ①
16 선전 ①
17 사기 ②
18 소식 ③
19 동기 ②
20 감 ①
21 속보 ③
22 위 ②
23 쓰다 ①
24 타다 ③
25 깨다 ②
26 싸다 ②
27 맞다 ①
28 낫다 ①
29 지다 ②
30 묻다 ②
31 치다 ①
32 들다 ③
33 세다 ③
34 재다 ②
35 걷다 ①
36 꾸다 ③
37 따르다 ②
38 맡다 ③

제3장

그림 보고 답하기

제시된 그림을 보고 질문에 적절한 답을 고르세요.

보호자 TIP

제시된 그림 외에 다른 그림이나 사진을 보여 주고 질문해 보세요.

그림 1

1 여기는 어디인가요?

① 경기장

② 정비소

③ 길거리

2 이곳이 어디인지 어떻게 알 수 있나요?

① 하늘이 맑고 푸르다.

② 국기와 관중, 선수들이 있다.

③ 주말에는 사람들이 많다.

3 그림의 스포츠에 대한 설명으로 옳은 것은?

① 방망이로 공을 친다.

② 손으로 공을 던진다.

③ 발로 공을 찬다.

4 관중석에 앉아 있는 사람들은 무엇을 하나요?

① 졸고 있다.

② 응원을 한다.

③ 말다툼을 한다.

그림 2

1 사람들이 무엇을 하고 있나요?

① 같은 곳을 바라본다.

② 그림을 그리고 있다.

③ 함께 노래를 부른다.

2 여기는 어디인가요?

① 식당

② 학원

③ 공사장

3 이곳이 어디인지 어떻게 알 수 있나요?

① 사람들이 안전모를 쓰고 있다.

② 사람들이 청바지를 입고 있다.

③ 사람들이 손에 종이를 들고 있다.

4 사람들이 왜 모자를 쓰고 있나요?

① 위험해서

② 더워서

③ 시끄러워서

5 이곳에서는 어떻게 행동해야 하나요?

① 빠르게 달리기를 한다.

② 안전에 주의해야 한다.

③ 차례대로 줄을 선다.

그림 3

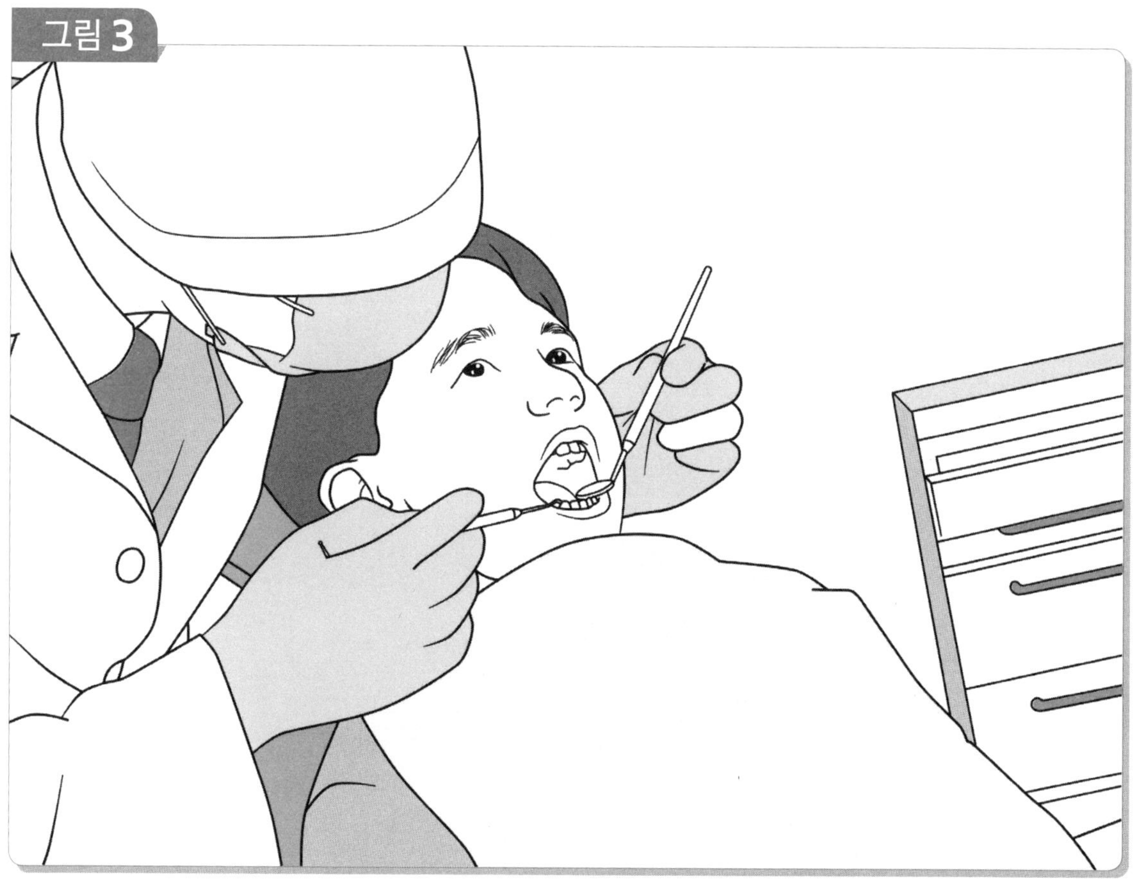

1 여기는 어디인가요?

① 치과

② 은행

③ 서점

2 이곳이 어디인지 어떻게 알 수 있나요?

① 사람이 환하게 웃고 있다.

② 사람이 장갑을 끼고 있다.

③ 입을 벌리고 치료를 받고 있다.

3 이곳에는 언제 가나요?

① 무릎이 아플 때

② 이가 아플 때

③ 배가 아플 때

4 이곳에 가면 어떻게 행동해야 하나요?

① 손을 씻고 식사 준비를 한다.

② 아픈 부위와 증상을 설명한다.

③ 자동차의 주유구를 연다.

그림 4

1 여기는 어디인가요?

① 교실

② 거실

③ 화장실

2 이곳이 어디인지 어떻게 알 수 있나요?

① 복도가 있다.

② 칠판과 학생들이 있다.

③ 책꽂이에 책이 꽂혀 있다.

3 앞에 서 있는 사람은 누구인가요?

① 간호사

② 선생님

③ 미용사

4 그림은 어떤 상황인 것 같나요?

① 학생들이 모여서 숙제를 하고 있는 상황

② 학생과 선생님이 함께 TV를 보는 상황

③ 선생님이 학생을 지목하는 상황

그림 5

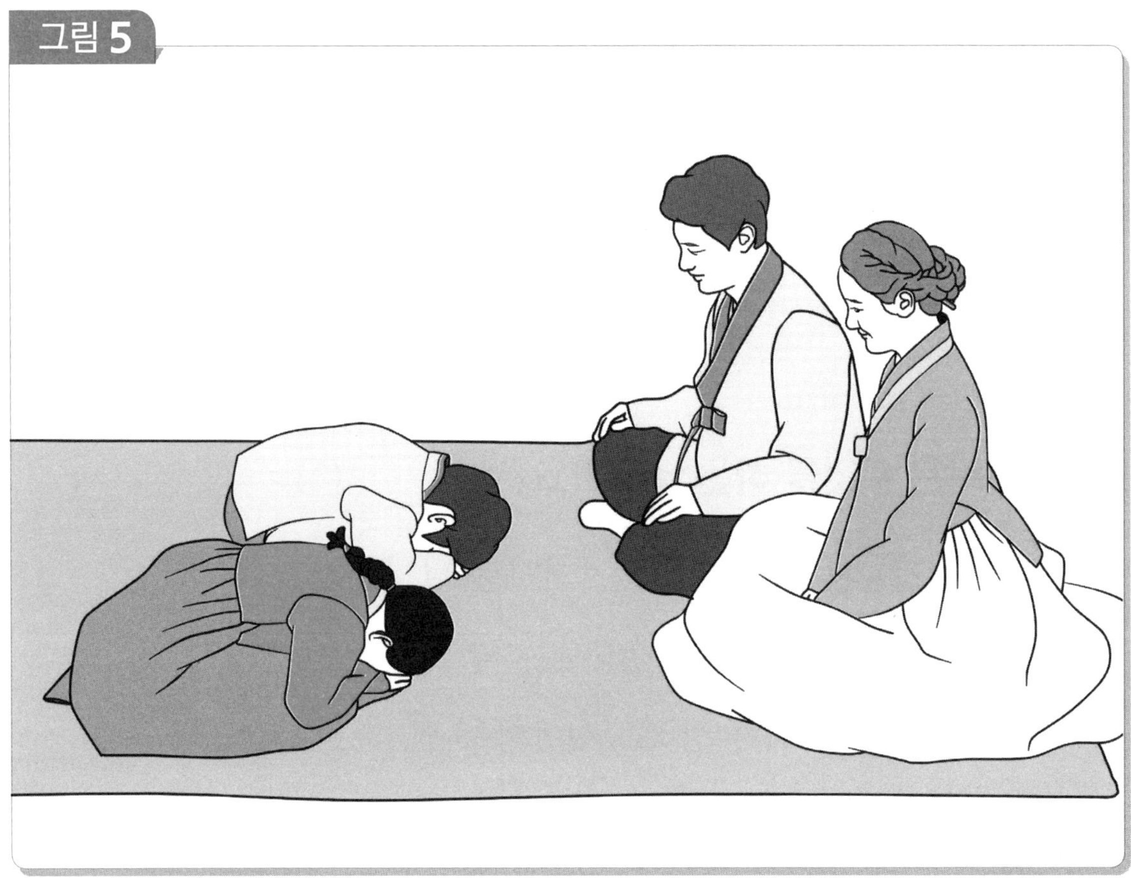

1 아이들이 무엇을 하고 있나요?

① 싸움

② 놀이

③ 세배

2 그림 속 상황은 언제인 것 같나요?

① 명절

② 광복절

③ 성탄절

3 언제인지 어떻게 알 수 있나요?

① 아빠가 요리하고 있다.

② 가족들이 모여서 이야기를 하고 있다.

③ 한복을 입고 세배를 하고 있다.

4 이 날은 무엇을 하는 날인가요?

① 국가를 지킨 위인들을 기념하는 날

② 우리나라의 독립을 기념하는 날

③ 한 해에 복이 가득하길 소망하는 날

그림 6

❶ 그림은 어떤 상황인가요?

① 사람들이 수영을 하고 있다.

② 사람들이 박수를 치며 축하해 준다.

③ 사람들이 고개를 숙여 인사를 한다.

❷ 그림 속 분위기는 어떤가요?

① 즐거워 보인다.

② 슬퍼 보인다.

③ 화가 나 보인다.

3 가운데 여자는 무엇을 하고 있나요?

① 케이크의 촛불을 불고 있다.

② 케이크를 자르고 있다.

③ 선물을 뜯고 있다.

4 그림의 제목으로 가장 어울리는 것은?

① 데이트 하는 날

② 우울한 하루

③ 즐거운 생일 파티

그림 7

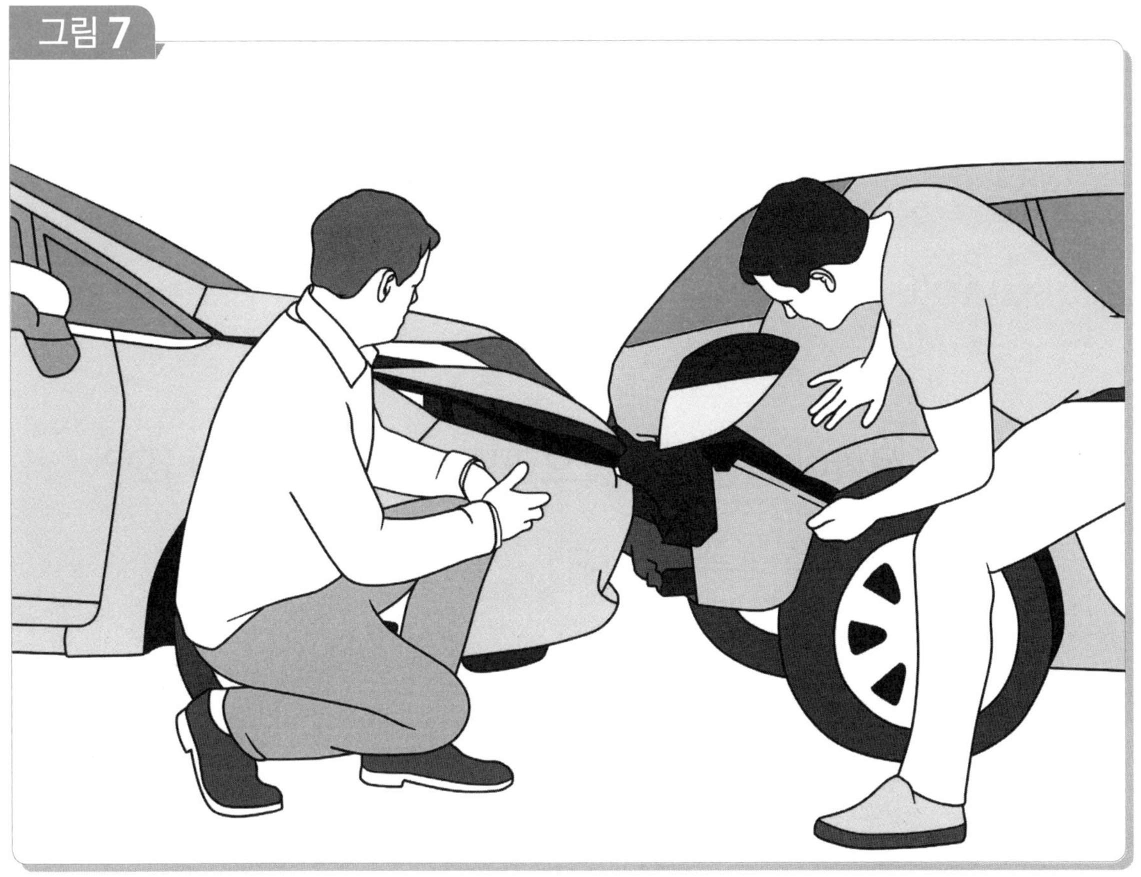

1 그림은 어떤 상황인가요?

① 자동차 경주대회

② 자동차 접촉 사고

③ 자동차 신제품 설명회

2 그림 속 분위기는 어떤가요?

① 서로 반가워한다.

② 화기애애하다.

③ 심각하다.

3 이러한 경우 어떻게 행동해야 하나요?

① 다친 곳이 있는지 확인한다.

② 큰 소리로 상대방에게 화를 낸다.

③ 빨리 집으로 돌아간다.

4 이러한 상황이 발생하지 않으려면 어떻게 해야 하나요?

① 운전 중에 휴대폰을 본다.

② 안전거리를 두고 운전한다.

③ 잠이 와도 참고 운전을 계속한다.

그림 8

1 여기는 어디인가요?

① 수영장

② 목욕탕

③ 해수욕장

2 그림 속 계절은 언제인가요?

① 여름

② 봄

③ 겨울

3 그림 속 행동을 할 때 주의해야 할 사항으로 옳지 않은 것은?

① 사람이 많으므로 물건을 분실하지 않도록 주의한다.

② 준비운동을 한 후 물속에 들어간다.

③ 최대한 깊은 곳으로 이동한다.

4 그림 속 장소에서 필요한 준비물이 아닌 것은?

① 자외선 차단제

② 손전등

③ 수영복

5 그림 속 행동을 할 때 적절한 옷차림은?

① 장화와 우산

② 털모자와 점퍼

③ 수영복과 선글라스

그림 보고 답하기 [정답]

◆ 그림 1: 경기장
pp. 289~290

1. ①
2. ②
3. ③
4. ②

◆ 그림 2: 공사장
pp. 291~292

1. ①
2. ③
3. ①
4. ①
5. ②

◆ 그림 3: 치과
pp. 293~294

1. ①
2. ③
3. ②
4. ②

◆ 그림 4: 교실
pp. 295~296

1. ①
2. ②
3. ②
4. ③

◆ 그림 5: 세배
pp. 297~298

1. ③
2. ①
3. ③
4. ③

◆ 그림 6: 생일 파티
pp. 299~300

1. ②
2. ①
3. ①
4. ③

◆ 그림 7: 자동차 사고
pp. 301~302

1. ②
2. ③
3. ①
4. ②

◆ 그림 8: 해수욕장
pp. 303~304

1. ③
2. ①
3. ③
4. ②
5. ③

제4장

문법 이해

1. 조사 고르기
2. 접속부사 고르기
3. 어순 바르게 고치기

1. 조사 고르기

문장의 ( )안에 들어갈 적절한 단어(조사)를 고르세요.

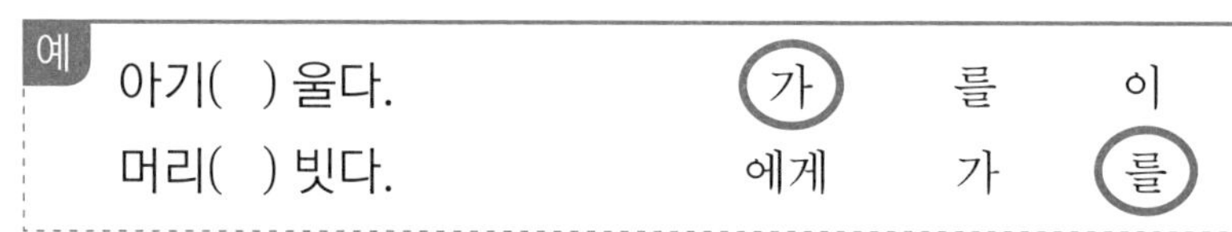

예			
아기( ) 울다.	(가)	를	이
머리( ) 빗다.	에게	가	(를)

1 강아지( ) 짖다.

로	가	를

2 거울( ) 본다.

에	이	을

3 전화기( ) 전화한다.

로	가	를

4 소파( ) 앉다.

에	를	와

5 김치( ) 맵다.

로	에	가

6 사과( ) 먹다.

를	가	에

7 언니(   ) 요리한다.

가	에서	로

8 머리(   ) 감는다.

에	로	를

9 학생들(   ) 공부한다.

로	이	에게

10 문(   ) 열다.

을	으로	에게

11 병원(   ) 간다.

과	에	이

12 빨대(   ) 음료수를 마신다.

가	로	를

13 부산(   ) 여행을 갔다.

으로	에게	이

14 밥을 먹으러 식당(   ) 갔다.

이	은	에

15 카페(   ) 차를 마신다.

는	에서	로

16 칫솔(   ) 이를 닦는다.

이	에서	로

17 연필(   ) 글씨를 쓴다.

을	로	과

18 목요일(   ) 관리비를 내야 한다.

이	을	까지

19 꽃집에서 예쁜 꽃다발(   ) 샀다.

을	에게	조차

20 분식점에서 순대(   ) 떡볶이를 주문했다.

와	가	로

21 서울(   ) 출발하는 기차가 3분 지연되었다.

과	에서	보다

22 오전 8시부터 투표(   ) 시작된다.

를	까지	가

23 하루 종일 한 끼(   ) 안 먹었다.

도	랑	와

24 사람의 몸은 70%가 물(   ) 이루어져 있다.

을	로	은

25 토끼(   ) 거북이의 달리기 경주가 열렸다.

마저	도	와

26 밤하늘에 달(   ) 별이 떠 있다.

로	과	을

27 화장실 바닥(   ) 너무 미끄럽다.

이	에서	을

28 새해를 맞아 해돋이(   ) 보러 갔다.

로	조차	를

29 아버지(   ) 뉴스를 보신다.

께서	에서	께

30 양치질(   ) 열심히 했는데도 충치가 생겼다.

과	을	이

31 나는 여가 시간에 보통 축구(   ) 농구를 한다.

부터	가	나

32 제주도는 독도(   ) 크다.

가	를	보다

33 어제에 이어 오늘(   ) 미세먼지가 심하다.

도	만	부터

34 태풍은 폭우(　) 동반한다.

를	을	로

35 너무 바빠서 화장실 갈 시간(　) 없다.

을	께서	조차

36 택배를 부치러 우체국(　) 갈 예정이다.

이	에	과

37 감기에는 생강차(　) 대추차가 좋다.

가	는	나

38 출판사(　) 새 소설을 출간했다.

에서	를	처럼

39 택시를 타고 집(　) 갔다.

으로	에게	이

40 형은 나(　) 키가 크다.

마저	로	보다

41 악어(　) 이구아나는 파충류이다.

가	와	도

42 오늘 3시에 국회(　) 청문회를 연다.

를	에서	와

43 경제 불황으로 맛집(　) 폐업하였다.

마저	으로	한테

44 최저 임금(　) 큰 폭으로 상승하였다.

이	에서	에

45 나는 새우뿐만 아니라 꽃게(　) 좋아한다.

만큼	가	도

46 그는 이번 일의 책임자(　) 징계를 받았다.

에	로서	까지

47 나는 아침마다 사과(　) 토마토를 챙겨 먹는다.

가	의	와

48 부모님(　) 새로 산 안마기를 좋아하신다.

께	께서	으로

49 오늘(　) 이력서를 제출해야 한다.

과	조차	까지

50 오랜만에 고향 친구(　) 전화를 걸었다.

에게	만큼	와

51 에어컨(　) 선풍기가 모두 고장났다.

도	이	과

52 근육통 때문에 서 있을 힘(   ) 없다.

조차	으로	처럼

53 새로 생긴 마트(   ) 할인 행사를 한다.

에서	과	으로

54 팀장님은 출근 시간(   ) 30분 일찍 출근한다.

이랑	에게	보다

55 집에서 약국(   ) 걸어서 10분 거리다.

까지	께서	한테

56 배 멀미 때문에 속(   ) 울렁거린다.

에	을	이

57 우리나라는 삼면이 바다(   ) 둘러싸여 있다.

보다	처럼	로

58 나는 공포 영화(   ) 코미디 영화 모두 즐겨 본다.

를	와	조차

59 나는 짬뽕(   ) 자장면이 더 좋다.

보다	까지	에서

60 선배(   ) 모범을 보여야 한다.

를	로서	로

조사 고르기 [정답]

1. 가
2. 을
3. 로
4. 에
5. 가
6. 를
7. 가
8. 를
9. 이
10. 을
11. 에
12. 로
13. 으로
14. 에
15. 에서
16. 로
17. 로
18. 까지
19. 을
20. 와
21. 에서
22. 가
23. 도
24. 로
25. 와
26. 과
27. 이
28. 를
29. 께서
30. 을
31. 나
32. 보다
33. 도
34. 를
35. 조차
36. 에
37. 나
38. 에서
39. 으로
40. 보다
41. 와
42. 에서
43. 마저
44. 이
45. 도
46. 로서
47. 와
48. 께서
49. 까지
50. 에게
51. 과
52. 조차
53. 에서
54. 보다
55. 까지
56. 이
57. 로
58. 와
59. 보다
60. 로서

2. 접속부사 고르기

제시된 문장의 (   )안에 들어갈 적절한 단어(접속조사)를 〈보기〉에서 골라 넣어보세요.

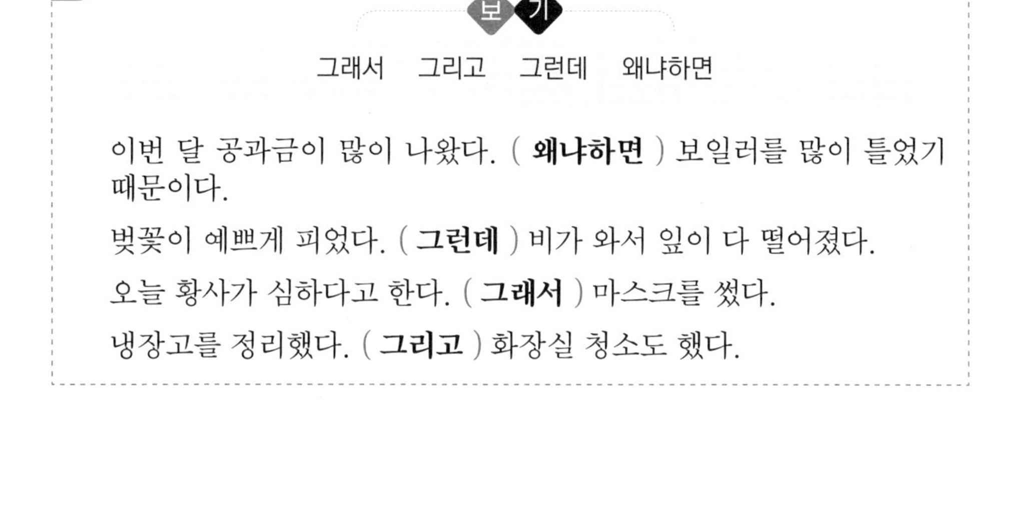

예

보기

그래서 그리고 그런데 왜냐하면

이번 달 공과금이 많이 나왔다. (**왜냐하면**) 보일러를 많이 틀었기 때문이다.

벚꽃이 예쁘게 피었다. (**그런데**) 비가 와서 잎이 다 떨어졌다.

오늘 황사가 심하다고 한다. (**그래서**) 마스크를 썼다.

냉장고를 정리했다. (**그리고**) 화장실 청소도 했다.

보기

1 그래서 그리고 그런데 왜냐하면

성남에 가려고 버스 터미널에 갔다. (   ) 차표가 모두 매진되었다.

옷이 작아졌다. (   ) 잘못 빨았기 때문이다.

집에서 시장까지 거리가 가깝다. (   ) 걸어가기로 했다.

생일이라서 미역국을 먹었다. (   ) 케이크도 먹었다.

2

보기

그래서　그리고　그런데　왜냐하면

바른 자세로 앉아야 한다. (　　　　　) 허리 건강에 도움이 되기 때문이다.

퇴근하자마자 약국에 들렀다. (　　　　　) 마트에 갔다.

엘리베이터가 고장났다. (　　　　　) 계단으로 내려갔다.

열심히 세차를 했다. (　　　　　) 비가 오기 시작했다.

3

보기

그래서　그리고　그런데　왜냐하면

전구가 깜빡거린다. (　　　　　) 새 전구로 갈아 끼웠다.

짜게 먹는 습관은 고치는 것이 좋다. (　　　　　) 건강에 좋지 않기 때문이다.

손님이 올 예정이라 먼저 청소를 했다. (　　　　　) 음식을 준비했다.

주차하러 주차장에 갔다. (　　　　　) 자리가 없다.

4

보기

그래서 그리고 그런데 왜냐하면

과속하면 안 된다. ( ) 사고의 위험성이 커지기 때문이다.

비싼 스테이크를 주문했다. ( ) 양이 너무 적다.

텃밭에 상추를 심었다. ( ) 고구마도 심었다.

최근에 살이 쪘다. ( ) 운동을 시작했다.

5

보기

그래서 그리고 그런데 왜냐하면

나는 된장찌개를 잘 끓인다. ( ) 갈비찜도 잘 만든다.

흰머리가 자라기 시작했다. ( ) 염색을 하였다.

버스를 타려고 정류장에 갔다. ( ) 교통카드를 집에 두고 왔다.

공원에서 담배를 피우면 안 된다. ( ) 여러 사람에게 피해를 주기 때문이다.

6

보기

그래서 그리고 그런데 왜냐하면

오늘은 집에 태극기를 달아야 한다. (   ) 삼일절이기 때문이다.

병원에서 진료를 받았다. (   ) 처방전을 받아서 약국에 갔다.

옷에 얼룩이 묻었다. (   ) 즉시 손빨래를 했다.

맛있는 음식이 가득 차려져 있다. (   ) 오늘은 입맛이 없다.

7

보기

그래서 그리고 그런데 왜냐하면

화재가 발생했다. (   ) 화재경보기가 울렸다.

풍경을 보면서 밑그림을 그렸다. (   ) 물감으로 색칠을 했다.

피곤할 때 커피를 마시면 도움이 된다. (   ) 커피에는 카페인이 들어있기 때문이다.

그 사람은 부지런해 보인다. (   ) 알고 보면 무척 게으르다.

8

보기

그래서 그리고 그런데 왜냐하면

아직 저녁 6시밖에 되지 않았다. (   ) 하늘이 어두컴컴하다.

손톱을 깎았다. (   ) 발톱도 깎았다.

외출할 때 겉옷을 챙겨야겠다. (   ) 아침저녁 일교차가 크기 때문이다.

아침에 늦잠을 잤다. (   ) 약속 시간에 1시간이나 늦었다.

9

보기

그래서 그리고 그런데 왜냐하면

동네에 빈집털이가 빈번하게 발생한다. (   ) CCTV를 설치하였다.

기다리던 택배가 도착했다. (   ) 물건이 잘못왔다.

리더는 성실해야한다. (   ) 책임감도 필요하다.

나는 후회하지 않는다. (   ) 최선을 다했기 때문이다.

10

보기

그래서 그리고 그런데 왜냐하면

제주도에 가기 위해 배 대신 비행기를 탔다. (   ) 비행기가 더 빠르기 때문이다.

군대는 해군, 육군 (   ) 공군이 있다.

오늘은 복날이다. (   ) 삼계탕을 끓였다.

음식 배달이 도착하기를 기다렸다. (   ) 한참이 지나도 오지 않았다.

접속부사 고르기 [정답]

1. 그런데
   왜냐하면
   그래서
   그리고
2. 왜냐하면
   그리고
   그래서
   그런데
3. 그래서
   왜냐하면
   그리고
   그런데
4. 왜냐하면
   그런데
   그리고
   그래서
5. 그리고
   그래서
   그런데
   왜냐하면
6. 왜냐하면
   그리고
   그래서
   그런데
7. 그래서
   그리고
   왜냐하면
   그런데
8. 그런데
   그리고
   왜냐하면
   그래서
9. 그래서
   그런데
   그리고
   왜냐하면
10. 왜냐하면
   그리고
   그래서
   그런데

3. 어순 바르게 고치기

어절의 순서를 바르게 나열하여 문장을 완성하세요.

예
쓰레기통 나는 냄새가 → 냄새가 나는 쓰레기통
힘들다 않아서 딸꾹질이 멈추지 → 딸꾹질이 멈추지 않아서 힘들다.

보호자 TIP

보호자는 대상자에게 다음과 같은 도움을 줄 수 있어요.

1. 정답을 맞히지 못한다면, 처음에 오는 단어를 알려주세요. 문장이 길다면 처음과 끝에 오는 단어를 알려주세요.

예 쓰레기통 나는 냄새가

보호자: '냄새가'가 처음에 와요. 그 다음은 어떤 것이 올까요?

예 힘들다 않아서 딸꾹질이 멈추치

보호자: '딸꾹질이'가 처음에 오고, '힘들다'가 마지막에 와요. 가운데에 올 두 단어의 순서를 맞춰 보세요.

2. 바르게 쓴 문장을 소리 내어 읽도록 지도해 보세요.

1 날아가는 나비 훨훨

---

2 흔드는 꼬리를 강아지

---

3 본 영화 오랜만에

4 호떡 식감이 쫀득한

5 환절기 예방법 감기

6 바람이 분다 차가운

7 뽐내다 노래 실력을

8 부는 가을바람 솔솔

9 인접한 나라 국경이

10 서양과 차이점 동양의

11 양말에 났다 구멍이

12 핀 길가에 코스모스

13 두통이 어제부터 있다

14 배우고 수영을 싶다

⑮ 주사를 부은 맞아 팔

⑯ 싱싱한 갓 잡아서 생선

⑰ 갈라진 건조해서 입술

⑱ 점점 환경 오염 심해지는

⑲ 인정받은 세계적으로 우리나라 반도체

⑳ 좌회전 앞에서 500미터

21 계속되는 2년째 감소 인구

22 말라서 물을 마시다 목이

23 샀다 옷을 유행하는 요즘

24 겨울이 가을이 지나고 왔다

25 빨리 손톱 발톱보다 자라는

26 구비한 소화기 가정용 비상용으로

27 힘든 뿌리치기 유혹 쉽사리

28 지켜야 공공장소에서 할 예의범절

29 인상된 달걀 15% 작년보다 가격

30 사라진 공룡 멸종되어 거대한

31 만난 친구들 중학교 오랜만에

32 미세먼지가 황사와 심한 아침

33 빨갛고 노랗다 참외는 딸기는

34 주문했다 만두를 칼국수와 식당에서

35 다 책을 오늘은 읽을 것이다

36 때문에 나온다 꽃가루 재채기가

37 드럼을 나는 연주한다 기타와

38 노폐물을 몸속 제거해 주는 녹차

39 아침과 혈압 저녁마다 측정하는

40 맑다 맑아야 윗물이 아랫물도

41 요리 매우 남편의 솜씨는 훌륭하다

42 우리집은 주택이다 아니고 아파트가

43 졸음이 커피를 와서 마셔야겠다

44 우리나라 화려하고 도자기 아름다운

45 모두 군고구마와 찐고구마 맛있다

46 양치질 건강한 올바른 치아를 위한

47 제작비를 만든 막대한 들여 영화

48 12월은 가을이고 겨울이다 9월은

49 복부 운동에 매우 훌라후프는 효과적이다

50 사람과 간격을 유지해야 한다 옆 적당한

51 오늘 미루지 할 일을 내일로 말자

52 습도가 높다 장마철에는 불쾌지수가 높아

53 점검을 정비소에 자동차 위해 받기 갔다

54 먼지가 오랫동안 창고 방치되어 가득한

55 빨대 플라스틱 친환경 대신 소재로 만든

56 주제로 다큐멘터리 제작된 복제 인간을

57 사람들이 동물 실험에 반대하는 많아졌다

58 얼마 입지 생겼다 않은 보풀이 옷에

59 치타다 동물은 가장 세상에서 빠른

60 시작되자 불꽃 질렀다 환호성을 축제가

61 무엇을 냉면과 고민이다 쫄면 먹을지 중

62 갈지 계곡과 고민이다 중 바다 어디를

63 식은땀이 앉았다가 어지럽고 일어났더니 난다

64 않습니다 공휴일에는 수거하지 법정 쓰레기를 일요일 및

어순 바르게 고치기 [정답]

1. 훨훨 날아가는 나비
2. 꼬리를 흔드는 강아지
3. 오랜만에 본 영화
4. 식감이 쫀득한 호떡
5. 환절기 감기 예방법
6. 차가운 바람이 분다
7. 노래 실력을 뽐내다
8. 솔솔 부는 가을바람
9. 국경이 인접한 나라
10. 서양과 동양의 차이점
11. 양말에 구멍이 났다
12. 길가에 핀 코스모스
13. 어제부터 두통이 있다
14. 수영을 배우고 싶다
15. 주사를 맞아 부은 팔
16. 갓 잡아서 싱싱한 생선
17. 건조해서 갈라진 입술
18. 점점 심해지는 환경 오염
19. 세계적으로 인정받은 우리나라 반도체
20. 500미터 앞에서 좌회전
21. 2년째 계속되는 인구 감소
22. 목이 말라서 물을 마시다
23. 요즘 유행하는 옷을 샀다
24. 가을이 지나고 겨울이 왔다
25. 발톱보다 빨리 자라는 손톱
26. 비상용으로 구비한 가정용 소화기
27. 쉽사리 뿌리치기 힘든 유혹
28. 공공장소에서 지켜야 할 예의범절
29. 작년보다 15% 인상된 달걀 가격
30. 멸종되어 사라진 거대한 공룡
31. 오랜만에 만난 중학교 친구들
32. 황사와 미세먼지가 심한 아침
33. 딸기는 빨갛고 참외는 노랗다
34. 식당에서 칼국수와 만두를 주문했다
35. 오늘은 책을 다 읽을 것이다
36. 꽃가루 때문에 재채기가 나온다
37. 나는 기타와 드럼을 연주한다
38. 몸속 노폐물을 제거해 주는 녹차
39. 아침과 저녁마다 측정하는 혈압

40 윗물이 맑아야 아랫물도 맑다
41 남편의 요리 솜씨는 매우 훌륭하다
42 우리집은 아파트가 아니고 주택이다
43 졸음이 와서 커피를 마셔야겠다
44 화려하고 아름다운 우리나라 도자기
45 군고구마와 찐고구마 모두 맛있다
46 건강한 치아를 위한 올바른 양치질
47 막대한 제작비를 들여 만든 영화
48 9월은 가을이고 12월은 겨울이다
49 훌라후프는 복부 운동에 매우 효과적이다
50 옆 사람과 적당한 간격을 유지해야 한다
51 오늘 할 일을 내일로 미루지 말자
52 장마철에는 습도가 높아 불쾌지수가 높다
53 자동차 점검을 받기 위해 정비소에 갔다
54 오랫동안 방치되어 먼지가 가득한 창고
55 플라스틱 대신 친환경 소재로 만든 빨대
56 복제 인간을 주제로 제작된 다큐멘터리
57 동물 실험에 반대하는 사람들이 많아졌다
58 얼마 입지 않은 옷에 보풀이 생겼다
59 세상에서 가장 빠른 동물은 치타다
60 불꽃 축제가 시작되자 환호성을 질렀다
61 냉면과 쫄면 중 무엇을 먹을지 고민이다
62 계곡과 바다 중 어디를 갈지 고민이다
63 앉았다가 일어났더니 어지럽고 식은땀이 난다
64 일요일 및 법정 공휴일에는 쓰레기를 수거하지 않습니다

제5장

관용어 이해

관용어란?

원래의 뜻과는 전혀 다른 새로운 뜻으로 사용되는 표현을 말해요. 예를 들어, '입이 거칠다'라는 표현은 '말을 험하게 하는 사람'을 이를 때 쓰지요. 일반적으로 무언가를 비유할 때 쓰여요.

유형 1 적절한 뜻 찾기

제시된 관용어를 읽고 알맞은 의미를 고르세요.

예

입이 거칠다

① 입술이 촉촉하다.
② 말을 험하게 하다.
③ 목이 마르다.
→ ②번이 적절한 의미

1 **발이 넓다.**

① 아는 사람이 많다.

② 신발 사이즈가 크다.

③ 평발이다.

2 **약 올리다.**

① 약을 처방받다.

② 예상치 못한 일이 생기다.

③ 상대방의 기분을 나쁘게 만들다.

3 **귀를 기울이다.**

① 사람마다 귀의 모양이 다르다.

② 귀가 잘 안 들린다.

③ 많은 관심을 가지다.

4 **손이 크다.**

① 씀씀이가 크다.

② 성격이 소심하다.

③ 박수를 치면 소리가 크다.

5 **눈이 빠지게 기다리다.**

① 눈이 매우 아프다.

② 무언가를 애타게 기다리다.

③ 안과 진료를 기다리다.

6 **발걸음이 가볍다.**

① 기분이 좋다.

② 집이 가깝다.

③ 신발을 잃어버리다.

7 **머리를 쓰다.**

① 머리에 모자를 쓰다.

② 무언가를 생각하거나 궁리하다.

③ 지나치게 걱정하다.

8 **입이 무겁다.**

① 가리는 음식이 없다.

② 연락을 자주 하지 않는다.

③ 이야기를 쉽게 전하지 않는다.

9 **손발이 맞다.**

① 손과 발의 크기가 같다.

② 서로의 행동이나 생각이 잘 맞는다.

③ 말과 행동이 맞지 않다.

10 **머리를 쥐어짜다.**

① 두통이 심하다.

② 숫자 계산을 잘 한다.

③ 곰곰이 궁리하다.

11 **배가 아프다.**

① 남이 잘 되어서 질투가 난다.

② 쉽게 화를 낸다.

③ 상대방에게 호감을 가지다.

12 **코가 높다.**

① 약점이 잡히다.

② 잘난 체하며 우쭐하다.

③ 콧물이 흐르다.

13 **입이 짧다.**

① 음식을 많이 먹지 못한다.

② 발음이 좋지 않다.

③ 요리를 할 때 간을 잘 맞춘다.

⑭ **발을 끊다.**

① 걷기가 어렵다.

② 주변 사람을 잘 챙기다.

③ 왕래를 하지 않다.

⑮ **물 쓰듯 하다.**

① 물건을 잃어버리다.

② 물을 바닥에 쏟다.

③ 함부로 헤프게 쓰다.

⑯ **눈앞이 캄캄하다.**

① 안경을 맞추어야 한다.

② 어찌 해야 할지 막막하다.

③ 눈병이 나서 안대를 하다.

⑰ **발을 빼다.**

① 구멍에 발이 빠지다.

② 무언가에 참여하다가 그만두다.

③ 어떤 일에 훼방을 놓다.

18 **입을 모으다.**

① 말속도가 매우 빠르다.

② 여러 사람이 같은 음식을 좋아한다.

③ 여러 사람이 같은 의견을 말한다.

19 **바가지를 쓰다.**

① 물건을 정가보다 비싸게 사다.

② 바가지에 머리를 맞다.

③ 물건을 팔아서 돈을 벌다.

20 **식은 죽 먹기**

① 음식이 식으면 맛이 없다.

② 누구나 실수를 한다.

③ 무언가를 매우 쉽게 할 수 있다.

21 **손을 놓다.**

① 무언가를 하다가 그만두다.

② 남의 일에 간섭하다.

③ 길을 잃어버리다.

22 **깨가 쏟아지다.**

① 깨 농사가 풍년이다.

② 서로 사이가 좋다.

③ 흥미진진하다.

23 **눈이 맞다.**

① 서로가 마음에 든다.

② 두 사람의 키가 비슷하다.

③ 다른 사람의 도움을 받다.

24 **간이 붓다.**

① 겁이 없다.

② 겁이 많다.

③ 술을 마시다.

25 **시치미를 떼다.**

① 벽에 붙은 것을 떼다.

② 잘난 체한다.

③ 알면서 모른 체한다.

26 **눈에 밟히다.**

① 누군가를 미워하고 괴롭히다.

② 여운이 남고 자꾸 생각난다.

③ 위험을 무릅쓰고 도전하다.

27 **콧대를 꺾다.**

① 코뼈가 부러지다.

② 기를 죽이다.

③ 자존심을 세우다.

28 **피도 눈물도 없다.**

① 인정이 없다.

② 헌혈을 하다.

③ 남의 탓을 하다.

29 **북 치고 장구 치다.**

① 여러 사람이 협력하다.

② 전통 음악을 듣다.

③ 혼자서 이것저것 다 한다.

30 **칼을 갈다.**

① 칼이 닳아서 무뎌지다.

② 무언가를 이루기 위해 독하게 마음을 먹다.

③ 남의 것을 탐내고 욕심이 많다.

31 **입만 살다.**

① 옳은 말만 한다.

② 양치는 꼼꼼하게 해야 한다.

③ 말만 그럴싸하게 하고 행동은 하지 않는다.

32 **죽고 못 살다.**

① 몹시 아끼고 좋아하다.

② 제사를 지내다.

③ 꼭 이겨야 한다.

33 **엎친 데 덮치다.**

① 길을 가다 넘어지다.

② 여기저기 참견하다.

③ 안 좋은 일이 겹쳐서 일어나다.

34 입에 침이 마르다.

① 솔직하게 이야기하다.

② 말할 때 침이 많이 튄다.

③ 반복하여 계속 말하다.

35 귀에 못이 박히다.

① 같은 말을 반복해서 들어서 지겹다.

② 큰 소리를 들어서 귀가 먹먹하다.

③ 치고 박고 싸우다.

36 가시방석에 앉다.

① 방석이 푹신하지 않아 불편하다.

② 어떠한 상황이나 사람으로 인해 마음이 불편하다.

③ 곤란한 상황에서 벗어나다.

37 찬물을 끼얹다.

① 날씨가 갑자기 추워지다.

② 남에 대해 험담하다.

③ 갑자기 분위기를 안 좋게 만들다.

38 **돈을 굴리다.**

① 동전이 데굴데굴 굴러가다.

② 돈을 투자하여 이익을 내다.

③ 하루 벌어 하루 먹고 산다.

39 **첫 단추를 끼우다.**

① 새로운 일을 시작하다.

② 떨어진 단추를 꿰매다.

③ 능력이 매우 우수하다.

유형 2 내용에 맞는 관용어 찾기

제시된 이야기를 읽고 내용에 맞는 관용어를 고르세요.

예
뉴스에서 폐지를 주우며 혼자 생활하시는 할머니의 사연이 나왔다. 할머니는 폐지를 주워 번 돈을 모아 주변의 더 어려운 이웃을 위해 기부하였다. 이 사연을 듣고 ______________.

① 목에 힘을 주었다.

② 물거품이 되었다.

③ 코끝이 찡했다.

→ '감동을 받았다'는 의미를 갖는 ③번이 정답

1 열심히 준비했던 시험을 보았다. 결과를 기다리는 동안 마음이 너무 초조했다. 드디어 결과가 발표되었고 시험에 합격하였다. 마음이 홀가분하다. 오늘은 ______________.

① 두 손을 들었다.

② 두 다리 뻗고 잘 수 있다.

③ 발 디딜 틈이 없다.

2 그는 흥과 끼가 많다. 송년회에서 사회자를 맡거나 장기자랑에 나가 춤과 노래를 하는 등 무대를 즐긴다. 각종 행사마다 활약하는 그는 ______________.

① 물 쓰듯 한다.

② 물 만난 고기 같다.

③ 찬 물을 끼얹다.

3 한 살 터울인 형과 나는 달라도 너무 다르다. 항상 의견이 달라 티격태격하고 다툰다. 형과 나는 ______________.

① 물과 기름 같다.

② 물을 흐린다.

③ 죽이 잘 맞는다.

4 할머니가 아끼시는 도자기가 깨졌다. 가족들이 할머니 방에 잠깐 들어갔던 나를 의심하는 것 같다. 하지만 나는 ______________ 도자기를 깨지 않았다.

① 가슴을 쓸어내리며

② 가슴에 와 닿으며

③ 가슴에 손을 얹고

5 직장 상사는 했던 말을 또 하기로 유명하다. 오늘도 ____________ 잔소리를 들으니 빨리 퇴근하고 싶다.

① 걸음을 재촉하며

② 발 벗고 나서서

③ 귀가 따갑도록

6 마라톤 대회에 참가하였다. 힘들고 다리가 터질듯이 아팠지만 ____________ 달려서 완주를 했다.

① 눈에 밟히고

② 이를 악물고

③ 자취를 감추고

7 수업에 매번 지각을 하고 과제를 잘 제출하지 않아서 교수님께 ____________.

① 미운털이 박혔다.

② 손바닥 뒤집듯 하였다.

③ 입을 모았다.

8 우리나라는 반도체 분야에서 세계적으로 ______________________________.

① 피도 눈물도 없다.

② 오도 가도 못 한다.

③ 손가락 안에 꼽힌다.

9 약속시간에 매번 늦는 친구에게 '이번에도 늦으면 ______________________________'라고 단단히 일러두었다.

① 눈 코 뜰 새 없다.

② 국물도 없다.

③ 허리가 휜다.

10 회사에서 내가 실수를 하여 일 처리가 늦어졌다. 상사가 '괜찮아. 실수할 수도 있지. ______________________________'라고 응원해 주었다.

① 어깨 펴.

② 무릎 꿇어.

③ 그림의 떡이야.

11 경제 불황으로 인해 사람들이 좀처럼 외식을 하지 않는다. 때문에 식당에 ______________.

① 밥 먹듯 한다.

② 파리만 날린다.

③ 날개가 돋쳤다.

12 시골로 캠핑을 왔다. 자다가 화장실에 가고 싶어 일어났다. 컴컴해서 무서운 와중에 갑자기 부스럭거리는 소리가 들려서 ______________.

① 간 떨어질 뻔 했다.

② 급한 불을 껐다.

③ 소금을 뿌렸다.

13 대학교를 졸업한 후 취업할지 대학원에 진학할지 ______________.

① 간이 작다.

② 입이 무겁다.

③ 갈림길에 서다.

⑭ 세계육상대회가 열렸다. 처음 출전한 신인 선수가 지난 해 세계 1위 달리기 선수를 ______________ 이겼다.

① 깨가 쏟아지게

② 귓가에 맴돌게

③ 간발의 차이로

⑮ 지난 번 음주음전으로 구설수에 올랐던 유명인이 이번에는 탈세 혐의로 대중들과 언론의 ______________.

① 마음에 들었다.

② 도마 위에 올랐다.

③ 한솥밥을 먹었다.

⑯ 면도기를 사러 쇼핑몰에 갔다. 직원의 설명을 듣고 A제품을 골랐는데, 친구가 B제품을 추천한다. 둘 중 어떤 제품을 살지 ______________.

① 얼굴이 두껍다.

② 꼬리가 길다.

③ 갈피를 못 잡다.

17 우리나라 남해군에 위치한 해남 땅끝마을에서 바라본 석양이 너무 아름다워 ________________ 한참을 바라보았다.

① 넋을 잃고

② 골머리를 앓으며

③ 하늘 높은 줄 모르고

18 전국적으로 독감이 유행이다. 이번 독감은 유난히 더 위험하다고 한다. 하루 빨리 독감 유행에 ________________ 왔으면 좋겠다.

① 제집 드나들 듯 할 날이

② 촉각을 곤두세울 날이

③ 종지부를 찍을 날이

19 오랫동안 짝사랑하던 친구에게 용기 내어 고백을 했다. 그 친구가 나의 고백을 받아주었다. ________________ 기쁘고 행복하다.

① 천하를 얻은 듯

② 천불이 나듯

③ 간에 기별도 안 가듯

20 어느 날 야식으로 떡볶이가 먹고 싶어 남편에게 전화했다. 내가 말을 꺼내기도 전에 남편이 떡볶이를 사온다고 한다. 우리 부부는 역시 ______________________.

① 척하면 척이다.

② 바가지를 긁는다.

③ 별 볼 일 없다.

21 이번 워크샵을 통솔할 담당자를 뽑아야 한다. 하지만 나서는 사람이 없다. 왜냐하면 업무량이 많기 때문이다. 하지만 내가 ______________________ 회사를 위해 나서기로 했다.

① 발을 빼고

② 숨이 막히게

③ 총대를 메고

22 우리나라 전래동화인 '흥부와 놀부'에서 동생 흥부는 ______________________ 가난했지만 착하고 성실했다. 반면 형 놀부는 부자였지만 욕심이 많아 동생을 도와주지 않았다. 결국 동생은 복을 받고, 형은 벌을 받게 되었다.

① 좀이 쑤시게

② 입에 거미줄 치게

③ 게 눈 감추듯

23 어릴 적부터 기르던 강아지가 하늘나라로 떠났다. 오랜 시간 동안 함께 했던 추억들이 떠오른다. 뛰어다니는 모습, 꼬리 흔들며 반기는 모습, 장난감을 가지고 놀던 모습이 ______________________.

① 구미가 당긴다.

② 눈에 선하다.

③ 낯을 가린다.

24 누가 내 차를 긁고 도망가서 블랙박스를 확인하여 범인을 찾았다. 확실한 증거가 있어서 ______________ 상황인데도 불구하고 발뺌하는 모습이 참 뻔뻔하다.

① 낮과 밤이 없는

② 속이 깊은

③ 빼도 박도 못하는

25 월급이 통장으로 들어온 지 며칠 지나지 않았는데 ______________ 잔고가 얼마 남지 않았다.

① 코가 납작해지게

② 피와 살이 되게

③ 눈 깜짝할 사이에

26 요즘 온라인에서는 유명 인물들의 과거 학교폭력이나 비도덕적 행동들에 대한 폭로가 화제이다. 과거의 잘못들이 ______________ 상대방을 괴롭히거나 법에 어긋나는 행동은 하지 말아야 한다.

① 한 귀로 흘릴 수 있으니

② 발목을 잡을 수 있으니

③ 허리띠를 졸라맬 수 있으니

27 내일은 가장 친한 친구의 결혼식이다. 결혼식 사회를 맡게 되어 더욱 멋있게 보이고 싶다. ______________ 아침 일찍 목욕탕에 갔다가 미용실에 들를 계획이다.

① 때 빼고 광내려고

② 한 방 먹이려고

③ 날을 세우려고

28 명절을 앞두고 택배의 물량이 급증하였다. 배송 기사님이 ______________ 분주하게 배송하지만 평소보다 시간이 지연되고 있다. 여유를 가지고 기다리는 자세가 필요하다.

① 날로 먹으려고

② 이리 뛰고 저리 뛰며

③ 목에 힘을 주려고

29 옆 사람의 코고는 소리가 커서 잠이 들지 않는다. 옆 사람을 흔들어 깨우고 싶은 마음이 ______________ 꾹 참고 다시 잠을 청해 본다.

① 무겁지만

② 없지만

③ 굴뚝같지만

관용어 이해 [정답]

유형 1 적절한 뜻 찾기

pp. 341~351

1 ①
2 ③
3 ③
4 ①
5 ②
6 ①
7 ②
8 ③
9 ②
10 ③
11 ①
12 ②
13 ①
14 ③
15 ③
16 ②
17 ②
18 ③
19 ①
20 ③
21 ①
22 ②
23 ①
24 ①
25 ③
26 ②
27 ②
28 ①
29 ③
30 ②
31 ③
32 ①
33 ③
34 ③
35 ①
36 ②
37 ③
38 ②
39 ①

유형 2 내용에 맞는 관용어 찾기

pp. 352~362

1 ②
2 ②
3 ①
4 ③
5 ③
6 ②
7 ①
8 ③
9 ②
10 ①
11 ②
12 ①

⑬ ③
⑭ ③
⑮ ②
⑯ ③
⑰ ①
⑱ ③
⑲ ①
⑳ ①
㉑ ③
㉒ ②
㉓ ②
㉔ ③
㉕ ③
㉖ ②
㉗ ①
㉘ ②
㉙ ③

제6장

이야기 이해

제시된 이야기를 읽고 질문에 적절한 답을 고르세요.

보호자 TIP

보호자는 대상자에게 다음과 같은 도움을 줄 수 있어요.

1. 이야기를 읽고 다시 말하기 활동을 할 수 있어요. 이야기를 읽으면서 키워드를 적어둔 후 그 단어들만 보고 내용을 말해 보아도 좋아요. 가능하다면 내용을 보지 않고 기억하여 말해 보세요.

2. 이야기를 읽고 기억하여 글로 적은 후 비교해 보는 활동도 할 수 있어요. 어떤 내용이 빠졌는지 혹은 틀렸는지 눈으로 직접 확인해 보세요.

이정이네 가족은 이번 주 금요일에 이사 갈 예정입니다. 현재 사는 집은 7층이고, 새로 이사 갈 집은 1층입니다. 1층은 사람들과 자동차가 지나다니기 때문에 시끄럽다고 합니다. (   ) 엘리베이터를 타지 않아도 되기 때문에 시간을 절약할 수 있습니다.

예/아니요

		예	아니요
1	다음 주에 이사를 가나요?	예	아니요
2	금요일에 이사를 가나요?	예	아니요
3	7층으로 이사를 가나요?	예	아니요

일반 문제

1 누가 이사를 가나요?

① 이정 ② 정아 ③ 은지

2 언제 이사를 가나요?

① 다음 주 ② 금요일 ③ 토요일

3 현재는 몇 층에 사나요?

① 7층 ② 1층 ③ 3층

4 몇 층으로 이사를 가나요?

① 7층 ② 1층 ③ 3층

심화 문제

1 이 글의 주제로 알맞은 것을 고르세요.

① 엘리베이터 ② 계단 ③ 이사

2 (　　) 안에 들어갈 알맞은 말을 고르세요.

① 그래도 ② 그래서 ③ 왜냐하면

3 이사 갈 곳의 장점과 단점은 무엇인가요?

	장점	단점
①	조용함	먼 거리
②	좋은 경치	시끄러움
③	시간 절약	시끄러움

정답 예/아니요 ❶ 아니요, ❷ 예, ❸ 아니요 일반 문제 ❶ ①, ❷ ②, ❸ ①, ❹ ②
심화 문제 ❶ ③, ❷ ①, ❸ ③

서울시에서 주관하는 제20회 요리대회가 한국국제호텔에서 열렸습니다. 작년에 우승을 차지한 요리사가 올해도 참가하여 사람들의 관심이 (　　). 치열한 예선을 거쳐 본선에는 총 25명의 요리사가 **참가**했습니다. 열띤 경연 끝에 **독창적인** 요리로 1등을 한 오○○ 요리사에게는 트로피와 함께 5천만 원의 상금이 주어졌습니다. 오○○ 요리사는 "오랜 연구 끝에 개발한 메뉴가 좋은 평을 받게 되어 기쁘다."라고 소감을 밝혔습니다.

예/아니요

1 대회가 부산시에서 열렸나요?	예	아니요
2 요리 대회가 열렸나요?	예	아니요
3 1등에게는 트로피가 주어졌나요?	예	아니요

일반 문제

1 올해는 몇 번째 대회인가요?

① 19회　　② 20회　　③ 25회

2 대회는 어디에서 열렸나요?

① 시청　　② 식당　　③ 호텔

3 본선에는 총 몇 명의 요리가사 참가했나요?

① 15명 ② 20명 ③ 25명

4 1등 상금은 얼마인가요?

① 5십만 원 ② 5천만 원 ③ 5백만 원

심화 문제

1 이 글의 제목으로 알맞은 것을 고르세요.

① 요리 대회 ② 요리사 자격증 시험

③ 신메뉴 개발

2 ( ) 안에 들어갈 말로 알맞지 않은 것을 고르세요.

① 집중되었습니다 ② 쏠렸습니다 ③ 무너졌습니다

3 밑줄 친 참가와 바꾸어 쓸 수 있는 것을 고르세요.

① 찬성 ② 출전 ③ 참조

4 밑줄 친 독창적인과 바꾸어 쓸 수 있는 것을 고르세요.

① 창의적인 ② 비슷한 ③ 지루한

정답 예/아니요 1 아니요, 2 예, 3 예 일반 문제 1 ②, 2 ③, 3 ③, 4 ②
심화 문제 1 ①, 2 ③, 3 ②, 4 ①

세계적으로 유명한 뉴질랜드 감독의 영화가 (㉠) 국내에서 개봉했습니다. 영화는 세대 차이로 인해 **야기되는** 사회 문제를 다루었습니다. 영화에서 주인공들은 서로 다른 의견으로 갈등을 겪습니다. 그러나 경청과 (㉡)의 자세로 문제를 해결합니다. 영화는 현실적인 문제를 잘 **묘사**했다며 관람객들의 호평을 받고 있습니다. 이 영화는 개봉한 지 사흘 만에 누적 관객 수 200만 명을 돌파하며 흥행하고 있습니다.

예/아니요

1 감독은 프랑스 출신인가요? | 예 | 아니요

2 이 영화는 사회 문제를 다루나요? | 예 | 아니요

3 영화는 현재 상영 중인가요? | 예 | 아니요

일반 문제

1 감독은 어느 나라 사람인가요?

① 뉴질랜드 ② 프랑스 ③ 네덜란드

2 영화는 개봉하고 얼마나 지났나요?

① 4주 ② 사흘 ③ 일주일

3 누적 관객 수는 몇 명인가요?

① 2,000명 ② 200,000명 ③ 2,000,000명

심화 문제

1 이 글의 제목으로 알맞은 것을 고르세요.

① 세대 차이를 극복하는 법
② 영화관에서 지켜야 할 에티켓
③ 국내에서 개봉한 유명 감독의 영화

2 (㉠)에 들어갈 알맞은 말을 고르세요.

① 다음 주 ② 지난 주말 ③ 내년

3 밑줄 친 야기되는과 바꾸어 쓸 수 없는 것을 고르세요.

① 일어나는 ② 예매하는 ③ 초래되는

4 (㉡)에 들어갈 알맞은 말을 고르세요.

① 질투 ② 편견 ③ 양보

5 밑줄 친 묘사와 바꾸어 쓸 수 있는 것을 고르세요.

① 표현 ② 성공 ③ 연주

정답 **예/아니요** ❶ 아니요, ❷ 예, ❸ 예 **일반 문제** ❶ ①, ❷ ②, ❸ ③
심화 문제 ❶ ③, ❷ ②, ❸ ②, ❹ ③, ❺ ①

예로부터 약재로 쓰였던 오미자는 오미자나무의 열매입니다. 오미자는 다섯 가지 맛(짠맛, 신맛, 단맛, 쓴맛, 매운맛)을 모두 느낄 수 있어 붙여진 이름으로, 그중 신맛이 가장 강하다고 합니다. 오미자는 혈관 건강에 도움이 되며 면역력을 높여 줍니다. 또한 기침, 천식 등 호흡기 질환에도 좋으며, 피부를 맑게 해 주는 등 다방면에서 효능이 뛰어난 열매입니다. (   ) 오미자를 잘못 복용할 경우

-------------------------------.

예/아니요

1	오미자는 다섯 가지 맛이 나나요?	예	아니요
2	오미자는 느끼한 맛이 나나요?	예	아니요
3	오미자는 면역력을 높여 주나요?	예	아니요

일반 문제

1. 오미자의 이름은 무엇으로 인해 붙여졌나요?

① 모양 ② 맛 ③ 색깔

2. 오미자의 맛이 아닌 것을 고르세요.

① 매운 맛 ② 단맛 ③ 떫은 맛

3 오미자의 가장 강한 맛은 무엇인가요?

① 쓴맛 ② 매운맛 ③ 신맛

4 오미자의 효능으로 옳지 않은 것을 고르세요.

① 혈관 건강에 좋다.
② 키를 크게 해 준다.
③ 피부를 맑게 해 준다.

심화 문제

1 이 글의 제목으로 알맞은 것을 고르세요.

① 오미자 재배법 ② 오미자의 단점 ③ 오마자의 맛과 효능

2 ( ) 안에 들어갈 알맞은 말을 고르세요.

① 그러나 ② 심지어 ③ 그러므로

3 밑줄 친 곳에 이어질 내용으로 알맞은 것을 고르세요.

① 숙면을 취할 수 있습니다.
② 속쓰림을 유발할 수 있습니다.
③ 변비를 예방할 수 있습니다.

정답 **예/아니요** ❶ 예, ❷ 아니요, ❸ 예 **일반 문제** ❶ ②, ❷ ③, ❸ ③, ❹ ②
심화 문제 ❶ ③, ❷ ①, ❸ ②

초강력 태풍 유유가 한반도를 향해 시속 26km 속도로 올라오고 있습니다. 이번 태풍은 제주도를 거쳐 동해안으로 이동할 것으로 예측됩니다. (　　) 천둥 번개를 동반한 많은 비가 내릴 것으로 예상됩니다. 시간당 30mm 이상의 강한 비가 내릴 전망으로, 피해를 최소화하기 위한 대비가 필요합니다. 이를 위한 방법으로는 ------------------------------.

예/아니요

1 태풍의 이름은 유유인가요?

예	아니요

2 태풍은 서해안을 지나가나요?

예	아니요

3 비가 많이 올 전망인가요?

예	아니요

일반 문제

1 태풍의 이름은 무엇인가요?

① 유유　　② 하니　　③ 우유

2 태풍은 시속 몇 km로 올라오나요?

① 30km　　② 26km　　③ 16km

3 태풍은 제주도를 거쳐 어디로 가나요?

① 동해안 ② 서해안 ③ 서울

4 시간당 몇 mm의 비가 내릴 전망인가요?

① 15 ② 20 ③ 30

심화 문제

1 이 글의 제목으로 알맞은 것을 고르세요.

① 태풍 피해 현황 ② 기상 예보 ③ 가뭄과 홍수

2 ( ) 안에 들어갈 알맞은 말을 고르세요.

① 또한 ② 그러나 ③ 그래도

3 밑줄 친 곳에 이어질 내용으로 알맞은 것을 고르세요.

① 자연재해의 종류
② 기상청의 역할
③ 태풍 대비 방법

정답 **예/아니요** ❶ 예, ❷ 아니요, ❸ 예 **일반 문제** ❶ ①, ❷ ②, ❸ ①, ❹ ③
심화 문제 ❶ ②, ❷ ①, ❸ ③

만 20세에서 34세를 대상으로 '좋아하는 계절'에 대한 설문 조사를 진행했습니다. 설문 조사는 온라인을 통해 2주간 이루어졌으며, 총 500명의 청년들이 참여했습니다.

조사 결과, 봄 40%, 가을 38%, 겨울 13%, 여름 9% 순으로 나타났습니다. 선호도가 가장 높은 계절은 봄이었고, 가장 낮은 계절은 여름이었습니다.

봄을 좋아하는 이유로는 '꽃이 피기 때문에' '따뜻해서' 등이 있었습니다. ( ) 여름은 선호도가 가장 낮았습니다. 왜냐하면 ------------------.

예/아니요

		예	아니요
1	20대가 설문 조사에 참여했나요?	예	아니요
2	설문 조사는 2주간 이루어졌나요?	예	아니요
3	봄에 대한 선호도가 가장 낮았나요?	예	아니요

일반 문제

1 설문 조사에 참여하지 않은 연령을 고르세요.

① 31세 ② 18세 ③ 25세

2 총 몇 명이 설문 조사에 참여했는지 고르세요.

① 500명 ② 50명 ③ 400명

3 설문 조사 결과 가장 선호하는 계절을 고르세요.

① 겨울 ② 여름 ③ 봄

심화 문제

1 이 글의 제목으로 알맞은 것을 고르세요.

① 청년들이 선호하는 계절
② 스마트폰 활용법
③ 계절 변화와 과학적 원리

2 ( ) 안에 들어갈 말로 알맞은 것을 고르세요.

① 즉 ② 따라서 ③ 반면

3 밑줄 친 곳에 이어질 내용으로 알맞은 것을 고르세요.

① 여름을 싫어하는 이유
② 계절별 특징
③ 봄에 관광하기 좋은 명소

정답 **예/아니요** 1 예, 2 예, 3 아니요 **일반 문제** 1 ②, 2 ①, 3 ③
심화 문제 1 ①, 2 ③, 3 ①

8월 25일부터 서울시 시내버스 2개 노선의 운행경로가 아래와 같이 변경됩니다. 변경되는 운행경로는 25일 첫차부터 시행되오니 이용에 참고해 주시기 바랍니다.

[100번]

혜화동~창경궁 구간 정류장을 **지나가지** 않습니다.

[340번]

종점이 '강남역'에서 '역삼역'으로 **바뀝니다**.

시내버스 이용 시 불편함이 없도록 변경된 운행경로는 홈페이지 및 정류장에 공지될 예정입니다. 감사합니다.

예/아니요

		예	아니요
1	버스 경로가 변경되나요?	예	아니요
2	100번 버스는 종점이 바뀌었나요?	예	아니요
3	300번 버스는 종점이 바뀌었나요?	예	아니요
4	변경된 경로는 홈페이지에 공지될 예정인가요?	예	아니요

일반 문제

1 언제부터 운행 경로가 변경되나요?

① 8월 5일 ② 8월 25일 ③ 9월 24일

2 변경되는 노선이 아닌 것은?

① 300번 ② 100번 ③ 340번

3 340번 버스는 종점이 어디로 변경되나요?

① 역삼역 ② 강남역 ③ 창경궁

4 변경된 경로는 어디에 공지될 예정인가요?

① 시청 게시판 ② 정류장 ③ 신문

심화 문제

1 이 글의 제목으로 알맞은 것을 고르세요.

① 매연을 줄이는 방법
② 버스 노선 변경 안내
③ 버스 전용 도로 시행

2 이 글의 종류로 알맞은 것을 고르세요.

① 편지글 ② 문의글 ③ 안내문

3 밑줄 친 지나가지와 바꾸어 쓸 수 있는 것을 고르세요.

① 미끄러지지 ② 운행하지 ③ 흘러가지

4 밑줄 친 바뀝니다와 바꾸어 쓸 수 있는 것을 고르세요.

① 변질됩니다 ② 역전됩니다 ③ 변경됩니다

정답 **예/아니요** 1 예, 2 아니요, 3 아니요, 4 예 **일반 문제** 1 ②, 2 ①, 3 ①, 4 ②
심화 문제 1 ②, 2 ③, 3 ②, 4 ③

이번 주 토요일은 전국 각 지역의 특산품을 한곳에서 (　　) 만나볼 수 있는 '전국 특산품 박람회'가 열리는 날입니다. 쌀, 사과, 마늘, 버섯, 옥수수와 같은 여러 가지 식재료가 판매될 예정이며, 시식 코너에서는 먹거리 체험도 할 수 있습니다. 사물놀이와 바자회 등 다양한 문화 행사도 준비되어 있습니다. 그리고 경품 추첨을 통해 1등은 한우, 2등은 홍삼, 3등은 굴비를 받을 수 있습니다. **오후 4시** 이후에는 할인 행사가 진행될 예정이오니 많은 관심 부탁드립니다.

예/아니요

1 박람회는 지난 주 토요일에 열렸나요?	예	아니요
2 버섯이 판매될 예정인가요?	예	아니요
3 사물놀이가 준비되어 있나요?	예	아니요
4 2등 경품은 한우인가요?	예	아니요

일반 문제

1 어느 지역의 특산품 박람회인가요?

① 전라도　　② 강원도　　③ 전국

2 준비되어 있는 행사가 아닌 것을 고르세요.

① 불꽃놀이　　② 먹거리 체험　　③ 바자회

3 경품이 바르게 짝지어 진 것을 고르세요.

① 1등 홍삼　　② 2등 한우　　③ 3등 굴비

심화 문제

1 이 글의 제목으로 알맞은 것을 고르세요.

① 특산품 박람회 안내
② 건강한 식재료의 중요성
③ 경품 추첨 참여 방법

2 ( ) 안에 들어갈 알맞은 말을 고르세요.

① 매우　　② 모두　　③ 전혀

3 밑줄 친 오후 4시와 바꾸어 쓸 수 있는 것을 고르세요.

① 20시　　② 12시　　③ 16시

정답 예/아니요 ❶ 아니요, ❷ 예, ❸ 예, ❹ 아니요　일반 문제 ❶ ③, ❷ ①, ❸ ③
심화 문제 ❶ ①, ❷ ②, ❸ ③

펭귄은 바다에서 먹이를 구해야 하지만 바다를 두려워합니다. (㉠) 바다에는 펭귄을 잡아먹는 바다표범이나 범고래와 같은 동물들이 있기 때문입니다. 이때 무리 중 용기 있는 한 마리가 먼저 바다에 뛰어들면 나머지 펭귄들도 (㉡) 뒤따라서 뛰어들게 됩니다. 이처럼 용기 내어 처음으로 뛰어든 펭귄에서 유래된 말이 '퍼스트 펭귄'입니다. (㉢) '퍼스트 펭귄'은 위험하거나 불확실한 상황에서 용감하게 도전하는 선구자를 **일컫는** 말입니다.

예/아니요

1 펭귄은 바다를 두려워하나요?

예	아니요

2 펭귄은 바다표범을 잡아먹나요?

예	아니요

3 펭귄 한 마리가 먹이를 구해 오나요?

예	아니요

일반 문제

1 펭귄은 어디에서 먹이를 구하나요?

① 숲
② 수족관
③ 바다

2 펭귄이 바다를 무서워하는 이유는 무엇인가요?

① 포식자가 있어서
② 너무 깊어서
③ 길을 잃을까봐

3 '퍼스트 펭귄'이 담고 있는 의미는 무엇인가요?

① 예언가 ② 선구자 ③ 노동자

심화 문제

1 이 글의 제목으로 알맞은 것을 고르세요.

① 펭귄의 식습관
② 퍼스트 펭귄의 의미
③ 남극에 사는 동물들

2 (㉠) 안에 들어갈 알맞은 말을 고르세요.

① 왜냐하면 ② 따라서 ③ 그렇지만

3 (㉡) 안에 들어갈 알맞은 말을 고르세요.

① 모락모락 ② 말랑말랑 ③ 우르르

4 (㉢) 안에 들어갈 알맞은 말을 고르세요.

① 하지만 ② 즉 ③ 그래도

5 밑줄 친 일컫는과 바꾸어 쓸 수 있는 것을 고르세요.

① 고르는 ② 이르는 ③ 일하는

정답 **예/아니요** ❶ 예, ❷ 아니요, ❸ 아니요 **일반 문제** ❶ ③, ❷ ①, ❸ ②
심화 문제 ❶ ②, ❷ ①, ❸ ③, ❹ ②, ❺ ②

직원: 안녕하세요. 무엇을 도와드릴까요?

나 : ______㉠______.

직원: 네, 어떤 점이 불편하신가요?

나 : 시동이 잘 안 걸리고, 덜컹거리는 소리가 나요. 또 트렁크가 바로 열리지 않고 한참 후에 열려요.

직원: 아, 그러셨군요. 우선 내부를 살펴보고 정비하도록 할게요.

나 : 시간이 얼마나 걸리나요?

직원: ______㉡______.

나 : 비용은 얼마인가요?

직원: 정비가 끝나야 정확한 비용을 책정할 수 있어요.

예/아니요

질문	예	아니요
1 '나'는 직원인가요?	예	아니요
2 전조등이 들어오지 않나요?	예	아니요
3 트렁크에 문제가 있나요?	예	아니요
4 비용이 책정됐나요?	예	아니요

일반 문제

1 현재 장소는 어디인가요?

① 주유소
② 정비소(카센터)
③ 백화점

2 문제점이 아닌 것을 고르세요.

① 문이 잘 열리지 않는다.
② 시동이 잘 걸리지 않는다.
③ 트렁크가 잘 열리지 않는다.

심화 문제

1 글의 제목으로 알맞은 것을 고르세요.

① 정비소 방문하기
② 자동차 보험 들기
③ 트렁크 여는 법

2 밑줄 친 ㉠에 알맞은 말(대사)을 고르세요.

① 세차를 하려고요.
② 주유소가 어디에 있나요?
③ 차에 문제가 있어서요.

3 **밑줄 친 ㉡에 알맞은 말(대사)을 고르세요.**

① 내부와 외부를 모두 살펴봐야 해서 약 2시간 예상됩니다.

② 오늘은 저녁 7시까지 영업합니다.

③ 수리 비용은 카드나 현금으로 결제 가능합니다.

정답 **예/아니요** ❶ 아니요, ❷ 아니요, ❸ 예, ❹ 아니요 **일반 문제** ❶ ②, ❷ ①
심화 문제 ❶ ①, ❷ ③, ❸ ①

유관순은 일제강점기 독립운동가입니다. 1902년 충청남도 천안에서 태어났으며, 어릴 적부터 강인하고 적극적인 성격이었다고 합니다. 유관순은 이화학당에서 선진 학문을 배우며 애국심을 굳건히 키워 나갔습니다. 이후 1919년 3월 1일 만세운동에 참여하여 군중과 함께 태극기를 들고 '대한독립만세'를 외쳤습니다. 감옥에 갇힌 후에도 굴하지 않고 옥중 만세운동을 전개하며 일본군에게 (   ). 그러나 모진 고문으로 인해 1920년에 짧은 생을 **마감했습니다**.

예/아니요

1. 유관순은 독립운동가인가요?

예	아니요

2. 유관순의 고향은 서울인가요?

예	아니요

3. 유관순은 감옥에 갇혔나요?

예	아니요

일반 문제

1. 유관순은 어느 시대 사람인가요?

① 일제강점기

② 고려 시대

③ 1980년대

2 유관순의 성격으로 알맞은 것을 고르세요.

① 연약함 ② 강인함 ③ 냉정함

3 3월 1일 만세운동은 몇 년도에 열렸나요?

① 1902년 ② 1919년 ③ 1920년

심화 문제

1 이 글의 제목으로 알맞은 것을 고르세요.

① 조선 후기 생활 모습
② 유관순과 가족들
③ 독립운동가의 생애

2 ( ) 안에 들어갈 말로 알맞지 않은 것을 고르세요.

① 저항하였습니다. ② 복종하였습니다. ③ 항거하였습니다.

3 밑줄 친 마감했습니다의 의미로 알맞지 않은 것을 고르세요.

① 순국하다 ② 운명하다 ③ 출생하다

정답 예/아니요 1 예, 2 아니요, 3 예 일반 문제 1 ①, 2 ②, 3 ②
심화 문제 1 ③, 2 ②, 3 ③

옛날에 한 할아버지가 살고 있었습니다. 어느 날 할아버지는 집 앞에 놓인 유리컵 하나를 발견했습니다. 유리컵을 씻어 ( )에 올려 두었는데, 잠시 후 컵에 물이 저절로 채워져 있었습니다. 놀란 할아버지가 컵에 든 물을 조심스럽게 한 모금 **마셨는데** 놀라운 일이 생겼습니다. 얼굴에 있던 주름이 사라지고 10년은 젊어진 것이었습니다. 욕심이 생긴 할아버지는 유리컵에 채워진 물을 계속 마셨습니다. 그러다 자신도 모르는 사이에 아기로 변해 버리고 말았습니다. 이 이야기는 '욕심이 과하면 화가 된다.'는 뜻을 담고 있습니다.

예/아니요

1. 주인공은 원래 할아버지였나요? | 예 | 아니요 |
2. 종이컵을 발견했나요? | 예 | 아니요 |
3. 물을 마시고 젊어졌나요? | 예 | 아니요 |

일반 문제

1. 어디에서 컵을 발견했나요?

① 화단 ② 집 앞 ③ 찬장

2 주인공이 놀란 이유는 무엇인가요?

① 병이 씻은 듯이 나아서
② 깨졌던 컵이 다시 붙어서
③ 컵에 물이 저절로 채워져서

3 주인공은 결국 어떻게 되었나요?

① 아기가 됨 ② 다시 태어남 ③ 부자가 됨

심화 문제

1 이 글의 제목으로 알맞은 것을 고르세요.

① 하루 물 섭취량
② 욕심쟁이 노인
③ 노인의 건강 비결

2 ( ) 안에 들어갈 알맞은 말을 고르세요.

① 싱크대 ② 구멍 ③ 천장

3 밑줄 친 마셨는데와 바꾸어 쓸 수 없는 것을 고르세요.

① 들이켰는데
② 섭취했는데
③ 흘렸는데

4 이 이야기와 어울리는 사자성어를 고르세요.

① 과대망상: 실제보다 과장하여 엉뚱하게 생각한다.

② 과유불급: 지나친 것은 미치지 못한 것과 같다.

③ 어부지리: 두 사람의 싸움에 엉뚱한 사람이 득을 본다.

정답 **예/아니요** ❶ 예, ❷ 아니요, ❸ 예 **일반 문제** ❶ ②, ❷ ③, ❸ ①
심화 문제 ❶ ②, ❷ ①, ❸ ③, ❹ ②

집들이란 새집에 들어간 집주인이 사람들을 초대하여 잔치를 여는 것을 말합니다. 집들이에 초대받은 손님들은 축하와 **염원**을 담아 선물을 준비해 가기도 합니다.

(㉠) 집들이 선물로는 비누, 휴지, 양초가 있습니다. 먼저 '비누'에는 거품이 일듯 행복한 일이 가득하길 바란다는 뜻이 담겨 있습니다. 두 번째로 '휴지'에는 하는 일이 휴지처럼 술술 잘 풀리길 응원하는 마음이 담겨 있습니다. 마지막으로 '양초'는 좋은 기운이 불처럼 환하게 번지길 바란다는 의미로 선물합니다. 이 선물들은 좋은 뜻과 함께 일상에서 꼭 필요한 (㉡)이기 때문에 매우 유용합니다.

예/아니요

1 생일 선물에 관한 글인가요?

예	아니요

2 비누에는 깨끗이 씻길 바란다는 뜻이 있나요?

예	아니요

3 휴지에는 일이 잘 풀리라는 뜻이 있나요?

예	아니요

일반 문제

1 집들이 선물로 소개된 것이 아닌 것을 고르세요.

① 휴지 ② 가방 ③ 양초

2 집들이 선물과 의미가 바르게 연결된 것을 고르세요.

① 비누–집이 깨끗하길 바란다.
② 휴지–오래 살길 바란다.
③ 양초–좋은 기운이 가득하길 바란다.

심화 문제

1 이 글의 제목으로 알맞은 것을 고르세요.

① 가정에서 쓰는 생필품
② 집들이 선물의 종류와 의미
③ 대청소 하는 법

2 밑줄 친 염원과 바꾸어 쓸 수 없는 것을 고르세요.

① 소망 ② 바람 ③ 욕심

3 (㉠) 안에 들어갈 알맞은 말을 고르세요.

① 대표적인 ② 인위적인 ③ 충격적인

4 (㉡) 안에 들어갈 알맞은 말을 고르세요.

① 사치품　　② 생필품　　③ 명품

5 위 글에서 나타나지 않은 것을 고르세요.

① 집들이의 정의
② 양초 선물의 의미
③ 집들이 선물의 가격대

정답 **예/아니요** ❶ 아니요, ❷ 아니요, ❸ 예　**일반 문제** ❶ ②, ❷ ③
심화 문제 ❶ ②, ❷ ③, ❸ ①, ❹ ②, ❺ ③

우리 몸은 70%가 수분으로 이루어져 있습니다. 그리고 호흡과 분비물을 통해 약 1.5~2.5리터 정도의 수분이 매일 배출된다고 합니다. 따라서 물을 마셔서 수분을 보충해야 합니다. 세계보건기구(WHO)가 권장하는 물의 양은 하루 8~10컵 정도입니다.

물은 갈증 해소뿐만 아니라 우리 몸의 신진대사가 원활하게 해 주어 피로회복에 도움이 됩니다. 물은 체내에 쌓인 노폐물을 **배출시키는** 역할도 합니다. 또 피부에 수분을 공급해 주어 피부 노화 방지 효과도 있습니다.

물을 마실 때에는 한 모금씩 천천히, 조금씩 자주 마셔야 합니다. 또 커피나 차, 음료를 다량으로 마실 경우 오히려 **탈수**가 일어날 수 있으므로 순수한 물을 마시는 것이 좋습니다. 몸에 질환이 있다면 주치의와 상의 후 적정량을 정하여 마셔야 합니다.

예/아니요

1 우리 몸의 70%가 수분인가요?	예	아니요
2 물에는 피부 노화 방지 효과가 있나요?	예	아니요
3 물을 한꺼번에 빨리 마시는 것이 좋나요?	예	아니요

일반 문제

1 세계보건기구가 권장하는 하루 물 섭취량은 얼마인가요?

① 8~10컵　② 생수 1병　③ 1리터

2 물의 효능이 아닌 것을 고르세요.

① 신진대사가 원활해진다.
② 체내 노폐물이 배출된다.
③ 속이 울렁거린다.

심화 문제

1 이 글의 제목으로 알맞은 것을 고르세요.

① 물의 부작용
② 우리 몸과 물
③ 세계보건기구의 역할

2 밑줄 친 배출시키는과 바꾸어 쓸 수 있는 것을 고르세요.

① 축적하는　② 보여 주는　③ 내보내는

3 세 번째 문단의 주제로 알맞은 것을 고르세요.

① 올바르게 물 마시기
② 몸에 좋은 차
③ 병을 낫게 해 주는 물

4 밑줄 친 탈수의 의미로 알맞은 것을 고르세요.

① 몸속에 수분이 모자람

② 술에 흠뻑 취함

③ 소화가 되지 않음

정답 **예/아니요** ❶ 예, ❷ 예, ❸ 아니요 **일반 문제** ❶ ①, ❷ ③
심화 문제 ❶ ②, ❷ ③, ❸ ①, ❹ ①

이번 여름에는 친구들과 부산으로 휴가를 가기로 했습니다. 용산역에서 9시 45분 기차를 타고 2시간 40분 후 부산역에 내렸습니다. **금강산도 식후경**이라고 도착하자마자 밥부터 먹었습니다. 그리고 버스를 타고 해운대 해수욕장으로 이동했습니다. 수영복으로 갈아입고 선크림을 바르고 물놀이를 했습니다. 날씨가 더웠지만 친구들과 물놀이를 하니 무더위를 잊을 수 있었습니다. 간식으로 시원한 수박과 식혜를 먹으니 더욱 기운이 났습니다. 저녁에는 화려한 불꽃놀이와 야경을 보며 사진을 찍었습니다. 즐겁고 행복한 여행이었습니다. (　　) 부산에 또 가기로 다짐했습니다.

예/아니요

1. 가족들과 휴가를 갔나요?

예	아니요

2. 부산에 기차를 타고 갔나요?

예	아니요

3. 저녁으로 불꽃놀이를 구경했나요?

예	아니요

일반 문제

1. 몇 시 기차를 탔나요?

① 2시 40분　　② 7시 45분　　③ 9시 45분

2 부산역에 도착하자마자 무엇을 했나요?

① 불꽃놀이　② 물놀이　③ 식사

3 간식으로 먹은 것이 아닌 것을 고르세요.

① 수정과　② 식혜　③ 수박

4 저녁에 하지 않은 것을 고르세요.

① 야경 구경
② 야시장 구경
③ 사진 촬영

심화 문제

1 이 글의 종류로 알맞은 것을 고르세요.

① 일기　② 기사　③ 설명문

2 밑줄 친 금강산도 식후경의 의미로 알맞은 것을 고르세요.

① 아무리 재밌는 것도 배가 불러야 흥이 난다.
② 금강산은 경치가 좋기로 유명하다.
③ 등산을 하고 나면 배가 고르다.

3 글쓴이가 부산역에 도착한 시간은 몇 시인가요?

① 11시 45분　② 12시　③ 12시 25분

4 ( ) 안에 들어갈 알맞은 말을 고르세요.

① 대중교통이 불편한

② 집에서 가까운

③ 볼거리가 많은

정답 예/아니요 ❶ 아니요, ❷ 예, ❸ 예 일반 문제 ❶ ③, ❷ ③, ❸ ①, ❹ ②
심화 문제 ❶ ①, ❷ ①, ❸ ③, ❹ ③

○○휴대폰은 인공지능(AI) 기능이 탑재되어 편리함을 제공합니다. 9000만 화소의 카메라도 장착되어 있습니다. 또한 빠른 속도로 외국어 번역이 가능합니다.

제품을 너무 낮거나 높은 온도에서 보관하면 배터리 수명이 단축되거나 화재의 원인이 될 수 있으니 주의해야 합니다. 또 휴대폰은 배터리가 방전되어 꺼지지 않도록 하는 것이 좋습니다. 배터리 사용 시간을 **늘리려면** 사용하지 않을 때는 화면을 꺼두거나 밝기를 낮추는 것이 좋습니다.

만약 제품이 제대로 작동하지 않을 경우 전원 버튼을 5초 이상 길게 눌러 종료한 후 다시 전원을 켜시기 바랍니다. 그래도 작동하지 않을 경우 다음 안내될 번호로 연락 주시기 바랍니다.

------------------------------.

예/아니요

1 ○○휴대폰에는 인공지능 기능이 있나요?

예	아니요

2 카메라는 6000만 화소인가요?

예	아니요

3 배터리는 방전되는 것이 좋나요?

예	아니요

일반 문제

1 출시된 휴대폰의 기능에 해당하지 않는 것을 고르세요.

① 외국어 번역　　② 전자파 방출　　③ 인공지능

2 배터리 사용 시간을 늘리는 방법으로 옳지 않은 것을 고르세요.

① 뜨거운 곳에 보관한다.
② 화면을 꺼 둔다.
③ 화면 밝기를 낮춘다.

3 제품이 제대로 작동하지 않으면 어떻게 해야 하나요?

① 3~5초 동안 충전한다.
② 배터리를 교체한다.
③ 전원을 껐다가 켠다.

심화 문제

1 이 글의 종류로 알맞은 것을 고르세요.

① 일기　　② 대화문　　③ 안내문

2 밑줄 친 늘리려면과 바꾸어 쓸 수 있는 것을 고르세요.

① 줄이려면　　② 연장하려면　　③ 키우려면

3 밑줄 친 곳에 이어질 내용으로 알맞은 것을 고르세요.

① 휴대폰의 가격

② 서비스 접수 방법

③ 서비스 센터 전화번호

정답 **예/아니요** ❶예, ❷아니요, ❸아니요 **일반 문제** ❶②, ❷①, ❸③

심화 문제 ❶③, ❷②, ❸③

〈 ㉠ 〉

환경보호와 재활용을 위해 분리수거를 실시하오니 입주민 여러 분들의 협조 부탁드립니다.

페트병	1. 내용물 비우고 세척하기 2. 상표 분리하기 3. 찌그러뜨린 후 뚜껑 닫기
종이	1. 상자에 붙은 테이프 제거하기 2. 젖지 않은 상태로 버리기
비닐	이물질 제거 후 세척하기
깨진 유리	일반 쓰레기로 분류하기
부드러운 과일 껍질	음식물 쓰레기로 분류하기
과일 씨, 갑각류 껍데기, 뼈	일반 쓰레기로 분류하기
약	약국이나 보건소의 폐의약품 수거함에 넣기

예/아니요

1 페트병은 상표를 분리해야 하나요? | 예 | 아니요 |

2 비닐은 찢어서 버려야 하나요? | 예 | 아니요 |

3 과일 씨는 음식물 쓰레기인가요? | 예 | 아니요 |

일반 문제

1 페트병 버리는 방법으로 옳지 않은 것은?

① 찌그러뜨린다.
② 내용물을 비운다.
③ 세척하지 않는다.

2 종이는 어떻게 버려야 하나요?

① 젖지 않은 상태로 버린다.
② 찢거나 오려서 버린다.
③ 낙서해서 버린다.

3 일반 쓰레기에 속하지 않는 것을 고르세요.

① 갑각류 껍데기
② 깨진 유리
③ 약

심화 문제

1 〈 ㉠ 〉에 들어갈 이 글의 제목으로 알맞은 것을 고르세요.

① 분리수거 안내
② 환경 오염의 심각성
③ 종량제 봉투 가격 인상

❷ 깨진 유리컵은 어디에 해당되나요?

① 일반 쓰레기　② 폐의약품　③ 페트병

❸ 사과 껍질은 어디에 해당되나요?

① 일반 쓰레기　② 음식물 쓰레기　③ 종이류

❹ 진통제는 어디에 해당되나요?

① 일반 쓰레기　② 음식물 쓰레기　③ 폐의약품

정답 **예/아니요** ❶예, ❷아니요, ❸아니요 **일반 문제** ❶③, ❷①, ❸③
심화 문제 ❶①, ❷①, ❸②, ❹③

때와 장소에 맞는 적절한 옷차림을 갖추는 것은 중요합니다. 왜냐하면 신체를 보호해 주고, 활동을 편하게 해 주며, 예의를 표현할 수도 있기 때문입니다.

먼저 날씨에 맞는 옷차림입니다. 한파경보가 발령된 날처럼 추운 날씨에는 내복과 두꺼운 겉옷, 목도리와 장갑 등 방한용품을 착용해야 합니다. 여름에는 통풍이 잘 되는 소재의 옷을 입는 것이 좋고, 선글라스나 모자 등 햇빛을 가릴 수 있는 용품도 무더위를 이기는 데 도움이 됩니다.

다음으로 활동에 맞는 옷차림입니다. 운동을 할 때에는 땀이 잘 배출되는 소재와 활동하기 편한 가벼운 옷이 좋습니다. 또 잠을 잘 때에는 너무 붙지 않는 편한 잠옷을 입어 혈액순환을 원활하게 해 주는 것이 좋습니다. 요리를 할 때에는 안전과 위생을 위해 앞치마를 둘러야 합니다.

(　　) 상황에 맞는 옷차림입니다. 결혼식장에 갈 때에는 단정한 복장을 갖추고, 장례식장에 갈 때에는 어두운 옷을 입어 조의를 표합니다.

예/아니요

1	머리 모양에 관한 글인가요?	예	아니요
2	여름에는 방한용품을 착용하나요?	예	아니요
3	잠을 잘 때에는 딱 붙는 옷이 좋은가요?	예	아니요

일반 문제

1 적절한 옷차림이 중요한 이유가 아닌 것을 고르세요.

① 신체를 보호해 준다.

② 관심을 받을 수 있다.

③ 예의를 표현한다.

2 방한용품이 아닌 것을 고르세요.

① 목도리

② 장갑

③ 선글라스

3 운동할 때 적절한 옷을 고르세요.

① 땀이 잘 배출되는 옷

② 무거운 옷

③ 불편한 옷

4 앞치마를 입어야 하는 이유를 고르세요.

① 멋을 위해서

② 안전과 위생을 위해서

③ 분위기를 내기 위해서

심화 문제

1 이 글의 제목으로 알맞은 것을 고르세요.

① 때와 장소에 맞는 옷차림
② 계절에 따른 옷차림
③ 옷차림과 예의

2 ( ) 안에 들어갈 말로 알맞지 않은 것을 고르세요.

① 끝으로
② 마지막으로
③ 결과적으로

3 때와 장소에 맞는 옷차림을 갖추지 않은 사람을 고르세요.

① 갑: 오늘은 더우니까 선글라스와 모자를 써야겠다.
② 을: 이번 주말 결혼식장에 갈 때 정장을 입어야지.
③ 병: 장례식장에 가야 하니 밝은 옷을 입어야겠다.

정답
예/아니요 ❶ 아니요, ❷ 아니요, ❸ 아니요 **일반 문제** ❶ ②, ❷ ③, ❸ ①, ❹ ②
심화 문제 ❶ ①, ❷ ③, ❸ ③

김운정(Woonjeong Kim)

이화여자대학교 일반대학원 언어병리학 석사

이화여자대학교 신경언어장애연구실 연구원

언어재활사 1급

현 보건복지부 지정 재활병원 언어재활사

오선정(Seonjeong Oh)

이화여자대학교 일반대학원 언어병리학 석사

이화여자대학교 신경언어장애연구실 연구원

언어재활사 1급

현 보건복지부 지정 재활병원 언어재활사

뇌졸중 환자와 보호자를 위한

언어치료 워크북

-이해편-

Workbook for Aphasia:
Exercises for Receptive Language Functioning

2022년 3월 5일 1판 1쇄 인쇄
2022년 3월 10일 1판 1쇄 발행

지은이 • 김운정 · 오선정

펴낸이 • 김진환
펴낸곳 • (주) 학지사
04031 서울특별시 마포구 양화로 15길 20 마인드월드빌딩
대표전화 • 02)330-5114 팩스 • 02)324-2345
등록번호 • 제313-2006-000265호

홈페이지 • http://www.hakjisa.co.kr
페이스북 • https://www.facebook.com/hakjisabook

ISBN 978-89-997-2618-7 93370

정가 22,000원

저자와의 협약으로 인지는 생략합니다.
파본은 구입처에서 교환해 드립니다.